小企业财务会计理论与实践

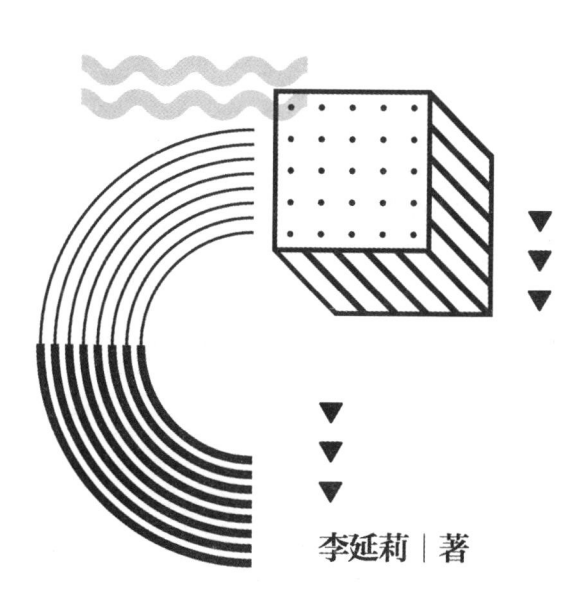

李延莉 | 著

中国书籍出版社
China Book Press

图书在版编目（CIP）数据

小企业财务会计理论与实践 / 李延莉著 . — 北京：
中国书籍出版社 , 2018.11
ISBN 978-7-5068-7134-1

Ⅰ . ①小… Ⅱ . ①李… Ⅲ . ①中小企业—财务会计
Ⅳ . ① F276.3

中国版本图书馆 CIP 数据核字 (2018) 第 269229 号

小企业财务会计理论与实践

李延莉　著

图书策划	成晓春　崔付建
责任编辑	魏焕威　成晓春
责任印制	孙马飞　马　芝
装帧设计	鸿儒文轩·书心瞬意
出版发行	中国书籍出版社
地　　址	北京市丰台区三路居路 97 号（邮编：100073）
电　　话	（010）52257143（总编室）（010）52257140（发行部）
电子邮箱	chinabp@vip.sina.com
经　　销	全国新华书店
印　　刷	三河市华东印刷有限公司
开　　本	710 毫米 ×1000 毫米　1/16
字　　数	208 千字
印　　张	16
版　　次	2019 年 2 月第 1 版　2019 年 2 月第 1 次印刷
书　　号	ISBN 978-7-5068-7134-1
定　　价	48.00 元

版权所有　翻印必究

前　言

为了贯彻执行《中华人民共和国会计法》和《企业财务会计报告条例》，财政部于 2004 年 4 月 27 日颁布了《小企业会计制度》，并于 2005 年 1 月 1 日开始实施，这是我国财务会计制度改革的又一重大举措，对提高小企业财务会计信息的质量，促进我国小企业财务会计与国际会计惯例相协调，具有重要的现实意义和深远的历史意义。

财务会计制度的改革给广大会计人员及相关经济管理工作者带来很大压力，迫使他们不断更新知识，提高自身素质，以适应不断变革的新环境。为了更好地帮助他们学习和运用《小企业会计制度》和有关会计准则，撰著了《小企业财务会计理论与实践》。本书以《国际会计准则》和《小企业会计制度》为主干，本着"洋为中用"和紧密结合我国财务会计实践的原则，博采众长，着重介绍小企业财务会计领域中最新和最成熟的理论、方法和技术。

本书结合新旧动能转换工作实际，充分考虑我国会计改革和发展的趋势，做到既满足现实需要，又考虑未来发展；既体现中国特色，又与国际会计惯例相协调；既反映现行准则、制度和惯例，又不局限于现有的做法，力求达到开拓视野、增进知识的目的。本书内容紧密结合我国的小企业实际，对小企业运行中出现的新的会计业务和事项以及特殊的会计业务和事项进行系统论述，充分满足会计核算和监督的现实需要；全面反映我国《小企业会计制度》以及其他相关法律、法规、制度的内容，兼顾小企业会计人员继续教育的要求，尽可能使全书内容有较广泛的适用性，在内容编排上做到循序渐进，便于理解和学习。本书内容丰富，体系完整，以小企业会计基本理论为主线贯穿始终，论述和举例注重章节之间的逻辑性和关联性。

本书共九章。第一章总论，概述了新旧动能转换战略背景下小企业会计准则、小企业会计工作、小企业会计科目和小企业核算程序等方面的内容；第二章流动资产，阐述了资产概念、货币资产核算、短期投资核算、应收及预付款项核算和存货核算等方面的内容；第三章非流动资产，阐述了长期投资核算、固定资产核算、生物资产核算、无形资产核算和长期待摊费用核算等方面的内容；第四章负债，阐述了负债概念、应付及预收款项核算、应付职工薪酬核算、应交税费核算和借款与利息核算等方面的内容；第五章所有者权益，主要阐述了所有者权益概念、资本金与投入资本核算、盈余公积核算和未分配利润核算等方面的内容；第六章收入，主要阐述了收入概念、主营业务收入核算、其他业务收入核算和政府补助与递延收益核算等方面的内容；第七章费用，主要阐述了费用概念、成本核算和期间费用核算等方面的内容；第八章利润，主要阐述了利润概念、利润核算、所得税费用核算和利润分配核算等方面的内容；第九章财务报表，主要阐述了财务报表概念、资产负债表、利润表、现金流量表和财务报表附注等方面的内容。

本书为山东行政学院创新工程项目《基于新旧动能转换下做大做强做优山东省十强产业的绿色技术创新体系研究》（课题编号：2018ZX001）阶段性成果之一。尽管在本书编撰过程中作者做出了巨大努力，付出了辛勤劳动，对稿件进行了多次认真修改，尽可能把最新成果呈献给读者。但由于自身水平有限，书中难免存在不足，恳请广大读者批评指正。

目 录

前　言 …………………………………………………………… 001

第一章　总　论

第一节　小企业会计准则 …………………………………… 001
第二节　小企业会计工作 …………………………………… 011
第三节　小企业会计科目 …………………………………… 014
第四节　小企业核算程序 …………………………………… 020

第二章　流动资产

第一节　资产概述 …………………………………………… 026
第二节　货币资金核算 ……………………………………… 029
第三节　短期投资核算 ……………………………………… 044
第四节　应收及预付款项核算 ……………………………… 047
第五节　存货核算 …………………………………………… 055

第三章　非流动资产

第一节　长期投资核算 ……………………………………… 082
第二节　固定资产核算 ……………………………………… 089
第三节　生物资产核算 ……………………………………… 107

第四节　无形资产核算⋯⋯⋯⋯⋯⋯⋯⋯⋯⋯⋯⋯⋯⋯⋯⋯⋯⋯⋯⋯⋯⋯ 114

第四章　负　债

第一节　负债概述⋯⋯⋯⋯⋯⋯⋯⋯⋯⋯⋯⋯⋯⋯⋯⋯⋯⋯⋯⋯⋯⋯⋯⋯ 120
第二节　应付及预收款项核算⋯⋯⋯⋯⋯⋯⋯⋯⋯⋯⋯⋯⋯⋯⋯⋯⋯⋯ 122
第三节　应付职工薪酬核算⋯⋯⋯⋯⋯⋯⋯⋯⋯⋯⋯⋯⋯⋯⋯⋯⋯⋯⋯ 128
第四节　应交税费核算⋯⋯⋯⋯⋯⋯⋯⋯⋯⋯⋯⋯⋯⋯⋯⋯⋯⋯⋯⋯⋯ 135
第五节　借款与利息核算⋯⋯⋯⋯⋯⋯⋯⋯⋯⋯⋯⋯⋯⋯⋯⋯⋯⋯⋯⋯ 151

第五章　所有者权益

第一节　所有者权益概述⋯⋯⋯⋯⋯⋯⋯⋯⋯⋯⋯⋯⋯⋯⋯⋯⋯⋯⋯⋯ 154
第二节　资本金与投入资本核算⋯⋯⋯⋯⋯⋯⋯⋯⋯⋯⋯⋯⋯⋯⋯⋯⋯ 157
第三节　盈余公积核算⋯⋯⋯⋯⋯⋯⋯⋯⋯⋯⋯⋯⋯⋯⋯⋯⋯⋯⋯⋯⋯ 161
第四节　未分配利润核算⋯⋯⋯⋯⋯⋯⋯⋯⋯⋯⋯⋯⋯⋯⋯⋯⋯⋯⋯⋯ 163

第六章　收　入

第一节　收入概述⋯⋯⋯⋯⋯⋯⋯⋯⋯⋯⋯⋯⋯⋯⋯⋯⋯⋯⋯⋯⋯⋯⋯ 165
第二节　主营业务收入核算⋯⋯⋯⋯⋯⋯⋯⋯⋯⋯⋯⋯⋯⋯⋯⋯⋯⋯⋯ 169
第三节　其他业务收入核算⋯⋯⋯⋯⋯⋯⋯⋯⋯⋯⋯⋯⋯⋯⋯⋯⋯⋯⋯ 173
第四节　政府补助与递延收益核算⋯⋯⋯⋯⋯⋯⋯⋯⋯⋯⋯⋯⋯⋯⋯⋯ 174

第七章　费　用

第一节　费用概述⋯⋯⋯⋯⋯⋯⋯⋯⋯⋯⋯⋯⋯⋯⋯⋯⋯⋯⋯⋯⋯⋯⋯ 178
第二节　成本核算⋯⋯⋯⋯⋯⋯⋯⋯⋯⋯⋯⋯⋯⋯⋯⋯⋯⋯⋯⋯⋯⋯⋯ 186
第三节　期间费用核算⋯⋯⋯⋯⋯⋯⋯⋯⋯⋯⋯⋯⋯⋯⋯⋯⋯⋯⋯⋯⋯ 196

第八章 利　润

第一节 利润概述 200
第二节 利润核算 202
第三节 所得税费用核算 206
第四节 利润分配核算 214

第九章 财务报表

第一节 财务报表概述 216
第二节 资产负债表 221
第三节 利润表 223
第四节 现金流量表 226
第五节 财务报表附注 231

参考文献 243

第一章 总 论

第一节 小企业会计准则

一、财务会计的发展趋势

财务会计是专门用于处理数据信息的一种综合性会计管理活动，在处理数据信息的过程中，财务会计必须以货币作为主要计量单位，以凭证作为记账依据，并采用会计特有的技术方法对特定会计主体的经济业务进行连续、系统、完整的核算和监督。

所谓连续，就是指在会计核算时应按经济业务发生时间的先后顺序，不间断地进行确认、计量、记录与报告。

所谓系统，就是指从开始记录一次经济业务到最后编制财务报告的整个核算过程中，通过分类、汇总、加工、整理等会计方法，逐步把会计资料加以系统化，以取得综合性的指标。

所谓完整，就是指对企业发生的能以货币计量的经济业务都要进行记录与计算，既不能遗漏，也不能任意取舍。

数据信息作为经济生活中最重要、最庞大的资源，在经济活动日益复杂、企业数量日益庞大、市场竞争日益加剧的今天，其处理的能力与效率等问题考验和制约着任何一个企业的进一步发展。所以，财务会计在企业的经济管理中是不可或缺的。

数据作为一种能够带来经济利益的资产，已经大量摆在各种类型企业的面前。人们最好能把精力关注在大数据能给企业带来的好处上，而不仅仅是只关注挑战。舍恩伯格在《大数据时代》一书中指出："数据已经成为一种商业资本，一项重要的经济投入，可以创造新的经济利益。事实上，一旦思维转变过来，数据就能被巧妙地用来激发新产品和新型服务。数据的奥秘只为谦逊、愿意聆听且掌握了聆听手段的人所知。"大数据的价值堪比石油和黄金，而且还可以换回更多的石油和黄金。

从"+互联网"到"互联网+"，是财务会计发展的必然趋势。财务会计必须要嫁接互联网，与经济业务整合，与管理思维互联，才能获得更加强大的生命力与发展空间；但财务会计与互联网的接口必须统一规范，使之能够电算化、信息化、数据化。互联网也必然会嫁接财务会计，不仅线上线下的各种资源会整合起来，而且任何业务、管理、资源的整合都离不开财务会计信息的支持。财务会计一直拥有最可靠、最有效的数据资源，也就是说，我们现在认真学好财务会计的基本理论与基础知识，掌握好财务会计的基本方法与工具运用，正是为了适应现在与未来的发展需求。

随着经济的发展和社会的进步，财务信息在经济和社会活动中将被越来越广泛地运用。无论是"+互联网"，还是"互联网+"，都离不开财务会计信息。只有正确进行会计核算，及时收集、整理和理解各种财务会计数据，对企业的财务状况、经营成果和现金流量情况进行比较、分析和评价，才能为财务报表使用者提供有用的信息。因此，经济越发展，财务会计信息就越重要。

现在的问题就在于如何能够做到算管结合、算为管用，有效地分析和应用数据信息，这既是财会行业或财会人员的巨大潜力之所在，也是他们目前面临的最大机遇。财务部门或财会人员运用其核算工具与分析技能，能够为管理层提供更多变量的实时动态和决策有用的关键信息，这将使他们跃居于战略管理的核心位置。

尤其是小企业，一方面要关注海量数据对经营环境的影响，另一方面更要关注自身已有的数据资料，结合自身经营或产品的特点，通过优化业务流程和会计信息处理流程，整合数据资源，建立财务和业务一体化的信息处理系统，实现财务、业务相关信息一次性处理和实时共享，这将有利于充分发挥会计核算和财务分析的积极作用。以云计算为标志的新的财务共享模式，有助于大数据时代下再造财务管理流程和提高财务处理效率。也就是说，信息共享作为一种先进的管理模式，在大数据时代下对财务分析乃至财务管理尤为必要，这也正是会计核算和财务分析的价值所在。

中小企业财务会计是管理会计的重要基础，是企业的重要的基础性工作，通过一系列会计程序，提供经营决策方面的相关信息，参与管理决策，提高经济效益，促进市场经济的健康有序发展。而产业的发展依赖于良好的宏观政策环境和微观的企业主体。实施新旧动能转换战略，做大做强十强产业的基础在于企业的创新。小企业在创新领域具有相对灵活的环境，尤其是在"互联网+"背景下具有独特的优势，小企业财务会计理论与实践能为新旧动能转换过程中产业发展提供财务经验积累，促进企业发展壮大和产业结构的完善，新旧动能转换过程中不同产业发展为中小企业财务会计理论与实践提供实验基地。

二、会计准则的重要作用

会计作为经济管理的一个重要组成部分，经过了漫长的演变和逐步的发展。到目前为止，已经形成两大分支：对外报告会计与对内报告会计。

财务会计是对外报告会计，是按照会计准则的要求对已经发生的经济业务，通过记账、算账、定期编制财务报告等一系列专门的会计方法，向企业外部与企业有利害关系的团体和个人提供反映企业财务状况、经营成果、现金流量及其变动情况等会计信息的对外报告会计。

管理会计是对内报告会计，是根据企业管理当局的需要，利用财务会计提供的会计信息及其他经营活动中的有关资料，运用数学、统计等一系列方法，对企业内部各级责任单位的现在和未来的经济活动进行预测、决策、预算、规划，以指导和控制企业经营活动的对内报告会计。

本书介绍的主要是财务会计方面的教学内容。作为对外报告的财务会计，首先必须遵循企业会计准则的规范要求。会计准则是会计人员从事会计工作的规则和指南，是规范会计核算与会计报告的一整套文件，其目的在于把会计处理建立在统一规范的基础之上，并使不同时期、不同主体之间的会计结果的比较成为可能。统一的会计准则的贯彻执行，将有助于"+互联网"，或"互联网+"。

我国会计准则按其使用单位的经营性质，可分为营利组织的会计准则和非营利组织的会计准则。在营利组织的会计准则中，按经营规模的适用范围又分为企业会计准则和小企业会计准则。

按照我国企业会计改革的总体框架，《企业会计准则——基本准则》是纲，适用于在中华人民共和国境内设立的所有企业；《企业会计准则》和《小企业会计准则》是基本准则框架下的两个子系统，分别适用于大型中型企业和小型微型企业（简称小企业）。

会计准则一般具有以下特性。

1. 规范性和权威性

会计准则是会计人员在进行会计核算时必须共同遵循的标准。各行各业的经济活动虽有差异，但会计标准和会计行为应当规范统一，这样产生的会计信息具有广泛的一致性和可比性，从而提高了会计信息的质量。

我国的会计准则属于国家的立法,是会计核算工作必须遵守的规范和处理会计业务的准绳,具有很高的权威性。

2. 稳定性和发展性

会计准则是在一定的社会经济环境下对会计实践进行理论上的概括而形成的,虽然具有相对的稳定性,但随着社会经济环境的发展变化,会计准则也要随之变化,进行相应的修改、充实和提高。

2006 年以后,我国会计改革的方向是以会计准则取代会计制度,并不断与国际会计准则趋同。

3. 理论与实践的相融性

会计准则既是指导会计实践的理论依据,也是会计理论与会计实践相结合的产物。会计理论指导使会计准则具有科学性;会计实践检验使会计准则具有操作针对性。

三、《小企业会计准则》的适用范围

2009 年 7 月 9 日,国际会计准则理事会发布了《中小主体国际财务报告准则》。该准则在考虑了中小主体财务报表使用者需求和成本效益后,与完整版国际财务报告准则相比,做了适当简化。它适用于所有中小主体,但是公开交易证券的主体以及银行和保险公司等金融机构除外。

我国小企业面广量大。据国家工商总局全国小型微型企业(以下简称小微企业)发展报告课题组《全国小型微型企业发展情况报告》的统计,截至 2013 年年底,全国各类企业总数为 1 527.84 万户。其中,小微企业 1 169.87 万户,占到企业总数的 76.57%。将 4 436.29 万个体工商户纳入统计后,小微企业所占比重达到 94.15%。我国中小微企业创造的最终产品和服务价值相当于国内生产总值总量的 60%,纳税占国家税收总额的 50%,完成了 65% 的发明专利和 80% 以上的新产品开发。

目前，我国小企业多处于创业阶段和成长初期，发展迅速。与大中型企业相比，小企业经营规模较小，经营方式灵活；不在或主要不在资本市场上筹集资金；所有权与经营权一般没有明确的分离，管理结构较为简单等。同时，小企业的会计基础工作比较薄弱，对会计实务以及财务报表和相关会计信息的披露要求相对简单，会计信息需求与大中型企业相比存在着很大的差别。因而，单独制定适合小企业自身发展需求的《小企业会计准则》很有必要。

《小企业会计准则》适用于在中华人民共和国境内设立的，同时满足下列三个条件的企业。

1. 经营规模较小

经营规模较小是指符合国务院发布的中小企业划型标准所规定的小企业标准或微型企业标准。

根据《关于印发中小企业划型标准规定的通知》（工信部联企业〔2011〕300号），我国将中小企业划分为中型、小型、微型三种类型，具体标准根据企业从业人员、营业收入、资产总额等指标，结合行业特点来制定。

【例1-1】工业划型标准：从业人员1 000人以下或营业收入40 000万元以下的为中小微型企业。其中，从业人员300人及以上，且营业收入2 000万元及以上的为中型企业；从业人员20人及以上，且营业收入300万元及以上的为小型企业；从业人员20人以下或营业收入300万元以下的为微型企业。

又如，零售业划型标准：从业人员300人以下或营业收入20 000万元以下的为中小微型企业。其中，从业人员50人及以上，且营业收入500万元及以上的为中型企业；从业人员10人及以上，且营业收入100万元及以上的为小型企业；从业人员10人以下或营业收入100万元以下的为微型企业。

统计上关于各类企业的划分标准如表 1-1 所示。

2. 既不是企业集团内的母公司也不是企业集团内的子公司

小企业会计信息的使用者主要是银行及税务，不是投资人。如果一个企业已经是母公司了，能够控制其他企业，那么就需要编制合并财务报表，其股东就成为会计信息的主要使用者，对该企业应当从高要求。由于企业集团需要统一会计政策和编制合并财务报表等，则企业集团内的母公司和子公司均应当执行《企业会计准则》。

3. 不承担社会公众责任

承担社会公众责任主要包括两种情形：一是企业的股票或债券在市场上公开交易，如上市公司和发行企业债的非上市企业、准备上市的公司和准备发行企业债的非上市企业；二是受托持有和管理财务资源的金融机构或其他企业，如非上市金融机构、具有金融性质的基金等其他企业（或主体）。小企业一般不承担以上两项社会公众责任。凡是承担社会公众责任的企业都不能划分为小企业。

四、《小企业会计准则》的主要内容

《小企业会计准则》简洁明了，在体例上分为正文和附录两大部分。正文 10 章 90 条，具体规范了小企业会计确认、计量、记录和报告的基本要求，几乎囊括了小企业日常会计核算的主要内容；附录部分是"会计科目、主要账务处理和财务报表"，对如何规范小企业的会计核算做出了较为详细的指导，具有很强的可操作性。《小企业会计准则》的主要内容概括如表 1-2 所示。

表 1–1 统计上大中小微型企业划分标准

行业名称	指标名称	计量单位	大型	中型	小型	微型
农、林、牧、渔业	营业收入（Y）	万元	Y ≥ 20 000	500 < Y < 20 000	50 ≤ Y < 500	Y < 50
工业	从业人员（X）	人	X ≥ 1 000	300 ≤ X < 1 000	20 ≤ X < 300	X < 20
	营业收入（Y）	万元	Y ≥ 40 000	2 000 < Y < 40 000	300 ≤ Y < 2 000	Y < 300
建筑业	营业收入（Y）	万元	Y ≥ 80 000	6 000 < Y < 80 000	300 ≤ Y < 6 000	Y < 300
	资产总额（Z）	万元	Z ≥ 80 000	5 000 < Z < 80 000	300 ≤ Z < 5 000	Z < 300
批发业	从业人员（X）	人	X ≥ 200	20 ≤ X < 200	5 ≤ X < 20	X < 5
	营业收入（Y）	万元	Y ≥ 40 000	5 000 ≤ Y < 40 000	1 000 < Y < 5 000	Y < 1 000
零售业	从业人员（X）	人	X ≥ 300	50 ≤ X < 300	10 ≤ X < 50	X < 10
	营业收入（Y）	万元	Y ≥ 20 000	500 < Y < 20 000	100 ≤ Y < 500	Y < 100
交通运输业 + 仓储业	从业人员（X）	人	X ≥ 1 000	300 ≤ X < 1 000	20 ≤ X < 300	X < 20
	营业收入（Y）	万元	Y ≥ 30 000	3 000 < Y < 30 000	200 ≤ Y < 3 000	Y < 200
	从业人员（X）	人	X ≥ 200	100 ≤ X < 200	20 ≤ X < 100	X < 20
	营业收入（Y）	万元	Y ≥ 30 000	1 000 < Y < 30 000	100 ≤ Y < 1 000	Y < 100
邮政业	从业人员（X）	人	X ≥ 1 000	300 ≤ X < 1 000	20 ≤ X < 300	X < 20
	营业收入（Y）	万元	Y ≥ 30 000	2 000 < Y < 30 000	100 ≤ Y < 2 000	Y < 100

[续表]

行业名称	指标名称	计量单位	大型	中型	小型	微型
住宿业	从业人员（X）	人	X ≥ 300	100 ≤ X < 300	10 ≤ X < 100	X < 10
	营业收入（Y）	万元	Y ≥ 10 000	2 000 ≤ Y < 10 000	100 ≤ Y < 2 000	Y < 100
餐饮业	从业人员（X）	人	X ≥ 300	100 ≤ X < 300	10 ≤ X < 100	X < 10
	营业收入（Y）	万元	Y ≥ 10 000	2 000 ≤ Y < 10 000	100 ≤ Y < 2 000	Y < 100
信息传输业	从业人员（X）	人	X ≥ 2 000	100 ≤ X < 2 000	10 ≤ X < 100	X < 10
	营业收入（Y）	万元	Y ≥ 100 000	1 000 ≤ Y < 100 000	100 ≤ Y < 1 000	Y < 100
软件和信息技术服务业	从业人员（X）	人	X ≥ 300	100 ≤ X < 300	10 ≤ X < 100	X < 10
	营业收入（Y）	万元	Y ≥ 10 000	1 000 ≤ Y < 10 000	50 ≤ Y < 1 000	Y < 50
房地产开发经营	营业收入（Y）	万元	Y ≥ 200 000	1 000 < Y < 200 000	100 ≤ Y < 1 000	Y < 100
	资产总额（Z）	万元	Z ≥ 10 000	5 000 ≤ Z < 10 000	2 000 ≤ Z < 5 000	Z < 2 000
物业管理	从业人员（X）	人	X ≥ 1 000	300 ≤ X < 1 000	100 ≤ X < 300	X < 100
	营业收入（Y）	万元	Y ≥ 5 000	1 000 < Y < 5 000	500 ≤ Y < 1 000	Y < 500
租赁和商务服务业	从业人员（X）	人	X ≥ 300	100 ≤ X < 300	10 ≤ X < 100	X < 10
	资产总额（Z）	万元	Z ≥ 120 000	8 000 ≤ Z < 120 000	100 ≤ Z < 8 000	Z < 100
其他未列明行业	从业人员	人	X ≥ 300	100 ≤ X < 300	10 ≤ X < 100	X < 10

表1-2 《小企业会计准则》主要内容一览表

章名	条款数	主要内容提要
第一章总则	4条	立法宗旨、适用范围、执行本准则的相关规定
第二章资产	40条	流动资产（包括货币资金、短期投资、应收及预付款项、存货等）、长期投资、固定资产和生产性生物资产、无形资产、长期待摊费用
第三章负债	8条	流动负债（包括短期借款、应付及预收款项、应付职工薪酬、应交税费、应付利息等）、非流动负债（包括长期借款、长期应付款等）
第四章所有者权益	5条	实收资本、资本公积、盈余公积和未分配利润
第五章收入	7条	销售商品收入和提供劳务收入
第六章费用	2条	营业成本、营业税金及附加、销售费用、管理费用、财务费用
第七章利润及利润分配	6条	营业利润、利润总额、净利润、营业外收入、营业外支出、政府补助、利润分配
第八章外币业务	6条	外币、外币交易、外币财务报表折算
第九章财务报表	10条	资产负债表、利润表、现金流量表、附注
第十章附则	2条	微型企业参照执行准则、准则施行日期
附录		会计科目、主要账务处理和财务报表

五、实施《小企业会计准则》的政策规定

制定与实施《小企业会计准则》是我国会计准则体系建设的组成部分，同时也是促进小企业发展的重要制度安排。在选择执行《小企业会计准则》时应当注意以下规定：

（1）符合《小企业会计准则》规定条件的小企业，可以按照《小企业会计准则》进行会计处理，也可以选择执行《企业会计准则》。但一经选择，不得随意变更。国家鼓励小企业执行《企业会计准则》，是希望小企业更有成长性，由小企业变成中型、大型企业；同时，通过执行《企业

会计准则》，也能够提高小企业的会计信息质量，毕竟，《企业会计准则》的要求更高。

（2）凡是按照《小企业会计准则》进行会计处理的小企业，如果其发生的交易或者事项，《小企业会计准则》未作规范的，应当根据《企业会计准则》的相关规定进行处理。

（3）选择执行《企业会计准则》的小企业，不得在执行《企业会计准则》的同时，选择执行《小企业会计准则》的相关规定。

（4）执行《小企业会计准则》的企业，如公开发行股票或债券的，应当转为执行《企业会计准则》；因经营规模或企业性质变化导致连续3年不符合《小企业会计准则》规定的小企业标准而成为大中型企业或金融企业的，应当转为执行《企业会计准则》。

（5）执行《小企业会计准则》的小企业，转为执行《企业会计准则》时，应当按照《企业会计准则第38号——首次执行企业会计准则》等相关规定进行会计处理。

第二节　小企业会计工作

一、小企业会计机构

会计机构是直接从事和组织领导会计工作的职能部门。根据《中华人民共和国会计法》（以下简称《会计法》）的规定，小企业应当根据会计业务的需要来决定是否设置会计机构。

为了科学、合理地组织开展会计工作，保证正常的经济核算，小企原则上应当设置会计机构。然而，企业规模有大小，业务有繁简，而且是否设置机构及其设置哪些机构，应当是企业的内部事务。但无论是否需要设置会计机构，会计工作必须依法开展，绝不能因为没有会计机构而对会计工作放任不管。如果不单独设置会计机构的，应当在有关机构中设置会计人员并指定会计主管人员，其目的是强化责任制度，防止出现会计工作无人负责的局面。"会计主管人员"是《会计法》的一个特指概念，不同于通常所说的"主管会计""主办会计"等，而是指负责组织管理会计事务、行使会计机构负责人职权的负责人。

二、小企业会计人员

配备数量适当的会计人员，设置适应需要的会计岗位，是提高会计工作效率和会计信息质量的重要保证。但是，一个企业究竟需要配备多少会计人员，设置多少会计岗位，主要取决于企业的组织结构形式和业务工作量、经营规模等因素，不同的企业可以有不同的要求，但应当符合不相容职务分离等内部控制的规范要求。

小企业会计人员按职责不同，可分为会计主管或主办会计、出纳员、成本核算员、稽核员等，按会计技术职称不同可分为高级会计师、会计师、助理会计师、会计员。

《会计法》规定："从事会计工作的人员，必须取得会计从业资格证书。"未取得会计从业资格证的人员，不得从事会计工作。

担任单位会计机构负责人（会计主管人员）的，除取得会计从业资格证书外，还应当具备会计师以上专业技术职务资格或者从事会计工作3年以上经历的条件。

会计人员从业资格管理办法由国务院财政部门规定。因有提供虚假财务会计报告，做假账，隐匿或者故意销毁会计凭证、会计账簿、财务会计报告，贪污、挪用公款，职务侵占等与会计职务有关的违法行为被依法追究刑事责任的人员，不得取得或者重新取得会计从业资格证书。除前款规定的人员外，因违法、违纪行为被吊销会计从业资格证书的人员，自被吊销会计从业资格证书之日起5年内，不得重新取得会计从业资格证书。

三、小企业会计岗位职责

小企业应当建立内部会计管理体系和会计工作岗位责任制度，对会计人员进行科学合理的分工，使之相互监督和相互制约。

内部会计管理体系的主要内容包括：单位领导人、总会计师对会计工作的领导职责；会计部门以及会计机构负责人和会计主管的职责、权限；会计部门与其他职能部门的关系；会计核算的组织形式等。

会计工作岗位责任制度的主要内容包括：会计人员的工作岗位设置；各会计工作岗位的职责和标准；各会计工作岗位的人员和具体分工；会计工作岗位轮换办法；对各会计工作岗位的考核办法等。

会计工作岗位一般可分为：会计机构负责人或者会计主管人员、出纳、财产物资核算、工资核算、成本费用核算、财务成果核算、资金核算、往来结算、总账报表、稽核、档案管理等。开展会计电算化和管理会计的单位，可以根据需要设置相应的工作岗位，也可以设置与其他工作岗位相结合的岗位。

会计工作岗位，可以一人一岗、一人多岗或者一岗多人。但出纳人员不得兼管稽核、会计档案保管以及收入、费用、债权债务账目的登记工作。会计人员的工作岗位应当有计划地进行轮换。

会计人员工作调动或者因故离职，必须将本人所经管的会计工作全部移交给接替人员。没有办清交接手续的，不得调动或者离职。接替人员应当认真接管移交工作，并继续办理移交的未了事项。

会计人员调动工作或者离职，必须与接管人员办清交接手续。一般会计人员办理交接手续，由会计机构负责人（会计主管人员）监交；会计机构负责人（会计主管人员）办理交接手续，由单位负责人监交，必要时主管单位可以派人会同监交。

会计机构、会计人员对违反《会计法》和国家统一的会计制度规定的会计事项的行为，有权拒绝办理或者按照职权予以纠正。发现会计账簿记录与实物、款项及有关资料不相符的，按照国家统一的会计制度的规定有权自行处理的，应当及时处理；无权处理的，应当立即向单位负责人报告，请求查明原因，做出处理。

综上所述，小企业会计就是以货币为主要计量单位，运用会计方法，对小企业的经济业务活动进行连续、系统、全面核算与监督的一种经济管理活动。《小企业会计准则》已经考虑到我国小企业规模小、业务简单、会计基础工作较为薄弱、会计信息使用者的信息需求相对单一等实际情况，其会计工作可以适当简化。从总体来看，小企业的会计核算与管理应当从小企业的实际出发，切实做到"核算从简，简而有效；管理从严，严而有用；算管结合，算为管用"。

第三节 小企业会计科目

一、会计要素的构成与分类

会计要素由资产、负债、所有者权益、收入、费用和利润六个方面构成，无论小企业会计核算复杂还是简单，都包含在这六大会计要素中，没有例外。会计要素是根据交易或者事项的经济特征所确定的财务会计对象的基本分类,是会计核算对象的具体化,是组成会计核算的基本框架,也是会计科目和账户进一步分类的基础。通过会计要素的归类,可以将千变万化、纷繁复杂的经济业务予以归集、汇总,分门别类地加以反映。

由于财务报表中最主要、最基本的是资产负债表和利润表,小企业发生的各项经济业务,通过会计要素分门别类的核算,最终会反映在资产负债表和利润表中。

构成资产负债表要素的有资产、负债、所有者权益三项,这是小企业资金运动相对静止状态时的会计表现,来源于某一会计期间的时点数(账户的期末数),并由此形成了反映特定日期财务状况的平衡公式,即

资产 = 负债 + 所有者权益

构成利润表的要素有收入、费用、利润三项,这是小企业资金运动处于变动状态时的会计表现,来源于某一会计期间的时期数(账户的累计发生额),并由此形成了反映一定会计期间经营成果的基本公式,即

收入 − 费用 = 利润

小企业会计核算的过程,实质上就是对以上六大会计要素进行确认、计量、记录与报告的过程。《小企业会计准则》已经对六大会计要素如何进行确认、计量、记录与报告做出具体规定,使之成为小企业会计核算的依据。会计人员通过会计核算,就可以从静态和动态两方面来反映和描述小企业的财务状况和经营成果等。

二、会计科目分类方法

任何小企业都应按《小企业会计准则》的规定,设置和使用会计科目,并使用统一规定的会计科目编号,以便于编制会计凭证、登记账簿、查阅账目、实行会计电算化等。

会计科目最通常的分类有以下两种方法：

（一）按会计要素和经营管理的要求分类

《小企业会计准则》中对会计科目按会计要素和经营管理要求分为资产类、负债类、所有者权益类、成本费用类、损益类五个大类。其中，六大会计要素中前三项要素（资产、负债、所有者权益）保持不变，将后三项要素（收入、费用、利润）适当简化归并为成本费用类和损益类。

1. 资产类会计科目

根据资产的一般分类和资金的流动性强弱，将资产类会计科目分为流动资产类和非流动资产类（包括长期投资、固定资产、无形资产、长期待摊费用等）会计科目。

2. 负债类会计科目

根据债务偿还期限的长短和负债的构成，将负债类会计科目分为流动负债类和非流动负债（长期负债）类会计科目。

3. 所有者权益类会计科目

所有者权益类会计科目包括资本类、公积类和未分配类会计科目。

4. 成本费用类会计科目

成本费用类会计科目主要分为生产成本、制造费用等会计科目。

5. 损益类会计科目

根据企业经营损益形成的内容划分的，可将损益类会计科目分为主营业务收入与成本、其他业务收支、期间费用、投资收益和营业外收支等类别的会计科目。

（二）按隶属关系分类

会计科目按其隶属关系可以分为总分类科目和明细分类科目两大类。

（1）总分类科目，又称为总账科目或一级科目，它是反映各种经济业务总括资料的会计科目。例如，库存现金、银行存款、原材料、应收账款、固定资产等。

（2）明细分类科目，又称为子目，可以分为二级明细科目、三级明细科目等，它是对某个总分类科目提供详细资料的会计科目。例如，为了反映短期投资的详细情况，在"短期投资"总分类科目下可按股票、债券、基金等短期投资种类设置明细账，详细反映短期投资增减变动的情况；又如，在应收账款总分类科目下，可按债务人设置明细科目，进行明细核算，详细、具体地反映应收账款的增减变动情况。

三、小企业会计科目一览表

小企业的会计科目和主要账务处理是依据《小企业会计准则》中确认和计量的规定制定的，涵盖了各类小企业的交易或者事项。现将《小企业会计准则》中规范的会计科目列表如下（见表1-3）。会计实务操作与会计教学时都应当规范使用会计科目，既不能写错别字，也不能任意增减字。

表1-3 小企业会计科目一览表

顺序号	编号	会计科目名称	顺序号	编号	会计科目名称
一、资产类			12	1402	在途物资
1	1001	库存现金	13	1403	原材料
2	1002	银行存款	14	1404	材料成本差异
3	1012	其他货币资金	15	1405	库存商品
4	1101	短期投资	16	1407	商品进销差价
5	1121	应收票据	17	1408	委托加工物资
6	1122	应收账款	18	1411	周转材料
7	1123	预付账款	19	1421	消耗性生物资产
8	1131	应收股利	20	1501	长期债券投资
9	1132	应收利息	22	1601	固定资产
10	1221	其他应收款	21	1511	长期股权投资
11	1401	材料采购	23	1602	累计折旧

[续表]

顺序号	编号	会计科目名称	顺序号	编号	会计科目名称
24	1604	在建工程	46	3002	资本公积
25	1605	工程物资	47	3101	盈余公积
26	1606	固定资产清理	48	3103	本年利润
27	1621	生产性生物资产	49	3104	利润分配
28	1622	生产性生物资产累计折旧		四、成本类	
29	1701	无形资产	50	4001	生产成本
30	1702	累计摊销	51	4101	制造费用
31	1801	长期待摊费用	52	4301	研发支出
32	1901	待处理财产损溢	53	4401	工程施工
	二、负债类		54	4403	机械作业
33	2001	短期借款		五、损益类	
34	2201	应付票据	55	5001	主营业务收入
35	2202	应付账款	56	5051	其他业务收入
36	2203	预收账款	57	5111	投资收益
37	2211	应付职工薪酬	58	5301	营业外收入
38	2221	应交税费	59	5401	主营业务成本
39	2231	应付利息	60	5402	其他业务成本
40	2232	应付利润	61	5403	税金及附加
41	2241	其他应付款	62	5601	销售费用
42	2401	递延收益	63	5602	管理费用
43	2501	长期借款	64	5603	财务费用
44	2701	长期应付款	65	5711	营业外支出
	三、所有者权益		66	5801	所得税费用
45	3001	实收资本			

上述会计科目的编号是根据会计科目的分类和排序确定的。一般采用四位数字编号，第一位数字表示科目的大类；第二位数字表示科目的小类；第三、第四位数字表示各小类之下科目的序号。例如，1002号科目，从

左至右第一位数字"1"代表资产大类；第二位数字"0"代表货币资金小类；第三、第四位数字"02"代表货币资金类的银行存款科目的序号。会计科目的编号除了表明它们的类别和具体名称外，还有助于填制会计凭证、登记账簿以及实现会计电算化。

小企业会计核算应当按照规定的会计处理方法进行，会计科目与会计指标应当口径一致、前后可比。小企业也可在不违反会计准则中确认、计量和报告规定的前提下，根据实际情况自行增设、分拆、合并会计科目，具有较大的灵活性。

（1）小企业不存在的交易或者事项，可不设置相关会计科目。

（2）对于明细科目，小企业可以比照《小企业会计准则》规定自行设置。

（3）会计科目编号供小企业填制会计凭证、登记会计账簿、查阅会计账目、采用会计软件系统参考，小企业可结合本企业实际情况自行确定会计科目编号。

（4）某些会计科目之间留有空号，供增设会计科目之用；在不影响对外提供统一财务报告的前提下，小企业可以根据实际情况自行增设或减少某些会计科目，如小企业对外提供劳务发生的成本，可将"4001生产成本"科目改为"4001劳务成本"科目，或单独设置"4002劳务成本"科目进行核算；为了小企业（农业）消耗性生物资产收获为农产品时的核算，应增设"农产品"科目；包装物较少的小企业，可以将包装物并入"原材料"科目进行核算等。

第四节 小企业核算程序

千变万化的经济业务经过会计核算的分类整理,归纳为一项项可重复的有规范的会计业务。程序控制法就是对重复出现的业务,按照客观要求,规定其处理的标准化程序的行动准则,它不仅要求按照牵制的原则进行程序设置,而且要求所有的业务活动都要建立切实可行的处理程序,还要注意程序的经济性与有效性。

小企业对一定会计期间内发生的各项经济业务,都要求必须填制和审核凭证,运用复式记账法,按规定的账户在账簿中进行登记;对经营过程中发生的费用,要通过有关账户汇总计算成本,并在此基础上确定盈亏;对账簿记录,要通过财产清查核实,在账实相符的基础上,以账簿记录为依据编制财务报表。

在上述各种核算方法运用的过程中,如何进行会计确认、会计计量、会计记录和会计报告,构成了会计处理程序中的关键控制点,这也是会计准则重点加以规范的对象。

一、会计确认

会计确认是依据一定的标准,确认某经济业务事项,能否记入会计信息系统,并列入会计报告的过程,即是否记录、何时记录、当作哪一项会计要素来记录;应否计入财务报表、何时计入、当作哪一项会计要素来报告。

【例1-2】A公司因加工产品的需要,经经营者批准,于1月10日购入甲材料 20 000 元,已验收入库,并投入使用。该款项于 2 月 10 日以银行存款支付。

分析:该笔经济业务发生的主体是 A 公司,发生的会计期间为 1 月份,以人民币作为计量单位,应当计入 1 月份的会计账户中。在 1 月份的会计账户中增加原材料 20 000 元,同时增加应付账款 20 000 元;等到 2 月 10 日支付时,减少应付账款 20 000 元,同时减少银行存款 20 000 元。

在上述分析过程中,可以得出的是小企业进行会计确认的基本前提是必须遵从会计基本假设。会计基本假设包括会计主体、持续经营、会计分期和货币计量四方面。会计主体确立了会计核算的空间范围,持续经营与会计分期确立了会计核算的时间长度,货币计量为会计核算提供了必要的手段。任何小企业的会计核算首先要确立与划分会计主体,然后在考虑持续经营和进行会计分期的前提下,采用货币计量进行会计核算与监督。会计基本假设是企业会计确认、计量、记录和报告的前提,是对会计核算所处时间、空间环境等所做的合理设定。

会计主体是一个独立的经济实体,是独立于财产所有者之外的会计核算单位,小企业会计核算应当以企业发生的各项交易或事项为对象,记录和反映企业本身的各项生产经营活动。应当注意的是,会计主体与法律主体(法人)并非是对等的概念,法人可作为会计主体,但会计主体不一定是法人。例如,由自然人所创办的个人独资企业与合伙企业不具有法人资格,这类企业的财产和债务在法律上被视为业主或合伙人的财产和债务,但在会计核算上必须将其作为会计主体,以便将小企业的经济活动与其所有者个人的经济活动以及其他实体的经济活动区别开来。又如,对于私营企业来说,有的业主(或投资者)往往会把业主个人的费用计入小企业的会计账户中,也许这些业主会这样认为,因为公司是业主(或投资者)自己的公司,也就是业主私营的财产,收益和费用都归业主,所以,把个人的费用计入企业的账户也是业主自己的事。事实上，会计主体和业主个人也是两个不同的概念。会计核算的一个重要前提条件就是会计主体假设。明确会计主体是组织会计核算工作的首要前提。会计主体是指一个独立的经济实体，即独立于财产所有者之外的会计核算单位。它独立地记录、核算与本单位有关的经济业务，严格地排除与企业生产经营无关的而属于其他单位或所有者本人的收支活动。

会计核算应当划分会计期间，分期结算账目和编制财务报表。会计期间分为年度、半年度、季度和月度，按公历确定起讫日期。也就是说，小企业会计核算应当在会计主体核算范围内，以持续、正常的生产经营活动为前提，以人民币为记账本位币，通过正确划分会计期间，分期结算账目，于会计期末编制财务报表。

会计确认的具体内容包括会计要素项目确认和会计要素时间确认两个主要方面。

1. 会计要素项目确认

会计要素项目确认包括两个重要方面：一是某项经济业务或会计事项是否属于会计核算内容；二是某项经济业务或会计事项应当归属哪一个要素项目。

关于这两项确认的基本标准：一是必须符合会计要素的定义；二是该项经济业务或会计事项可以用货币进行计量。

2. 会计要素时间确认

会计要素时间确认的基本标准是指按哪种会计核算基础来确认，即是按权责发生制还是按收付实现制来确认交易或事项。小企业会计核算应当以权责发生制作为核算基础进行会计确认、计量和报告。

按照权责发生制，凡是本期已经实现的收入和已经发生或应当负担的费用，无论其款项是否已经收付，都应作为当期的收入和费用加以处理；

凡是不属于当期的收入和费用，即使款项已经在当期收付，都不应作为当期的收入和费用。在前例中，购买原材料的经济业务发生在 1 月 10 日，应当按照权责发生制的要求，在 1 月份的会计账户中增加原材料 20 000 元，同时增加应付账款 20 000 元；至于 2 月 10 日支付 20 000 元的款项时，应当在 2 月份的账户中减少应付账款 20 000 元，减少银行存款 20 000 元。权责发生制明确了会计确认与计量方面的要求，解决了收入和费用何时予以确认及确认多少等问题。

与权责发生制相对应的是收付实现制。收付实现制是以款项的实际收付为标准来处理经济业务，确定本期收入和费用，计算本期盈亏的会计处理基础。在现金收付的基础上，凡在本期实际以现款付出的费用，无论其应否在本期收入中获得补偿均应作为本期应计费用处理；凡在本期实际收到的现款收入，无论其是否属于本期均应作为本期应计的收入处理。反之，凡本期还没有以现款收到的收入和没有用现款支付的费用，即使它归属于本期，也不作为本期的收入和费用处理。对于上例业务，假如按照收付实现制，可以在 2 月份支付时作增加原材料 20 000 元和减少银行存款 20 000 元的会计处理。

收付实现制处理方法的优点在于计算方法比较简单，也符合人们的生活习惯，但按照这种方法计算的盈亏不合理、不准确，所以《小企业会计准则》规定，企业会计核算应当采用权责发生制，而不能采用收付实现制。

二、会计计量

会计计量是指在会计核算过程中，对各项财产物资都以某种尺度为标准来确定它的量，包括计量单位和计量属性。

小企业会计应当以货币计量。货币计量单位通常以元、百元、千元、万元等为计量单位。

计量属性是指计量对象可供计量的某种特性或标准。会计计量属性主要包括历史成本、重置成本、可变现净值、现值、公允价值等。

在历史成本计量下,资产按照购置时支付的现金或者现金等价物的金额,或者按照购置时所付出的对价的公允价值计量。负债按照因承担现时义务而实际收到的款项或者资产的金额,或者承担现时义务的合同金额,或者按照日常活动中为偿还负债预期需要支付的现金或者现金等价物的金额计量。

小企业会计核算主要以历史成本作为会计计量属性。例如,会计要素采用历史成本作为记账基础,没有采用税法上不认可的公允价值作为记账基础;按照税法上实际发生制原则,对所有资产不计提减值准备,而是在实际发生损失时参照税法有关的认定标准确认资产损失,如此种种。

三、会计记录

会计记录是指各项经济业务经过确认、计量后,采用一定的文字、金额和方法在账户中加以记录的过程,包括以原始凭证为依据编制记账凭证,再以记账凭证为依据登记账簿等。

会计记录包括序时记录和分类记录。在记录的生成方式上,有手工记录和电子计算机记录。

四、会计报告

会计报告是指以账簿记录为依据,采用表格和文字的形式,将会计数据提供给信息使用者的手段。财务报表是会计报告的主要表现形式。

小企业应当按照规定编制资产负债表、利润表和现金流量表,但不适合编制合并财务报表。

上述会计处理程序与各种会计核算方法之间的相互关系如图1-1

所示。

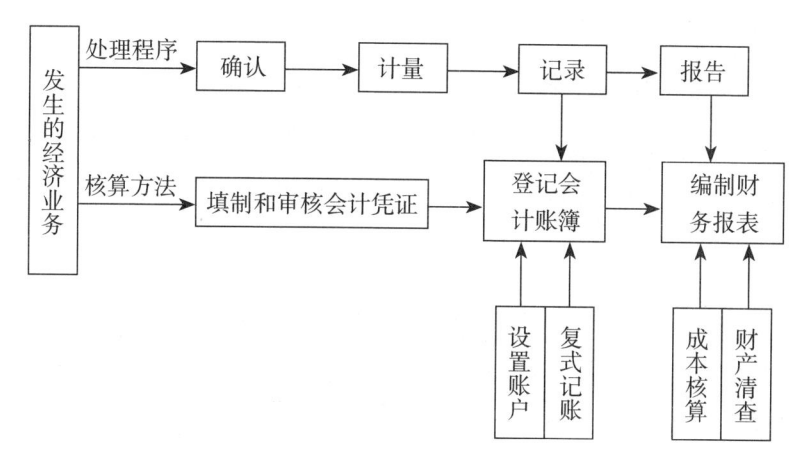

图 1-1　会计核算程序与方法

小企业在会计核算过程中必须遵循我国《会计法》和《小企业会计准则》的相关规定，依法进行会计核算与监督。

综上所述，会计核算程序是一种典型的程序控制法，也是一种事前控制方法。进行会计核算程序控制，有一个科学的操作路径和可依照的科学标准，有助于小企业按规范处理同类业务，避免会计工作无章可循或有章不循，避免职责不清、互相扯皮等；有利于及时处理业务和提高工作效率；也有利于减少差错，或暴露或查明差错；还有利于追究有关责任，及时处理和解决相关问题等。

第二章　流动资产

第一节　资产概述

一、资产的基本特征

资产是指小企业过去的交易或者事项形成的、由小企业拥有或者控制的、预期会给小企业带来经济利益的资源。

作为小企业的资产，一般应同时具备以下几个基本特征：

1. 由过去的交易、事项形成的

一个企业的资产，都是由已经发生的经济业务引起的。尚未发生的经济业务，或者计划中的经济业务，不能确认为企业的资产。例如，企业的存货是包括询价、看货、订立合同、付款、提货等过去所发生的一系列行为的结果，对于尚处于谈判中的采购行为，或已签订但还未执行的合同，就不能确认为一笔存货，因为采购行为还没有发生，企业还没有拥有这批存货，也就没有控制这批存货的权利，所以不能将其作为企业的资产。如果仅仅订立了一份购货合同，就将合同中约定购入的存货作为企业的资产，列入企业的资产负债表，则该存货就属于虚列资产。

2. 由企业拥有或者控制

资产必须是由企业拥有或控制的资源,如果企业不能拥有或控制能创造经济利益的某项目(资源),则企业不能将该项目视作其资产。例如,某项专利权,如果企业不能通过自创并申请获准拥有专利权,或通过购入等方式拥有或控制它,那么企业就不能将该专利权视作其资产。又如经营租入的固定资产,由于企业不能控制它,因而不能将其作为企业的资产;而融资租入的固定资产,虽然企业还未拥有其所有权,但能够控制它,应将其作为企业的资产。所有权与控制权的存在,对于判断某项目是否属于企业的资产是至关重要的。

3. 预期会给企业带来经济利益

资产之所以成其为资产,就在于其能够给企业带来经济利益。换句话说,如果某项目不能给企业带来经济利益,那么该项目不能作为企业的资产。例如,待处理财产损失,由于其是已发生但未被批准处理的损失,预期不会导致经济利益流入企业,因而不能在财务报表上确认为资产。

二、资产的分类

资产总是占用于经营过程中的不同阶段并具有不同的具体形态,因而可以从不同的角度进行分类。按流动性的大小,小企业的资产可分为流动资产和非流动资产,其中流动资产又可进一步分为货币资金、短期投资、应收及预付款、存货等;按是否具有实物形态,小企业的资产可分为有形资产和无形资产;按其来源不同,小企业的资产又可分为自有资产和租入资产等。

在会计核算上,流动资产和非流动资产是对资产最基本的分类,如图2-1所示。

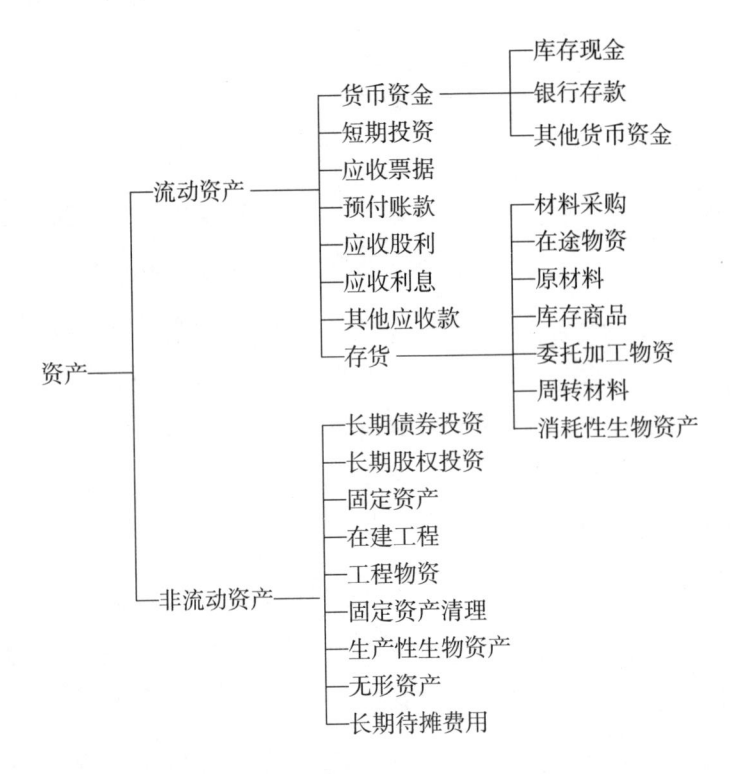

```
                              ┌─ 库存现金
                   ┌─ 货币资金 ─┤─ 银行存款
                   │           └─ 其他货币资金
                   │─ 短期投资
                   │─ 应收票据
           ┌─ 流动资产 ─┤─ 预付账款
           │         │─ 应收股利          ┌─ 材料采购
           │         │─ 应收利息          │─ 在途物资
           │         │─ 其他应收款        │─ 原材料
           │         │                    │─ 库存商品
     资产 ─┤         └─ 存货 ─────────────┤─ 委托加工物资
           │                              │─ 周转材料
           │                              └─ 消耗性生物资产
           │           ┌─ 长期债券投资
           │           │─ 长期股权投资
           │           │─ 固定资产
           │           │─ 在建工程
           └─ 非流动资产─┤─ 工程物资
                       │─ 固定资产清理
                       │─ 生产性生物资产
                       │─ 无形资产
                       └─ 长期待摊费用
```

图 2-1　小企业资产的项目及其分类

小企业的流动资产，是指预计在 1 年或超过 1 年的一个正常营业周期中变现、出售或耗用的资产，包括库存现金、银行存款、短期投资、应收及预付款项、存货等。其中，短期投资是指各种随时变现，持有时间不超过 1 年的有价证券以及不超过 1 年的其他投资；应收及预付款项包括应收票据、应收账款、其他应收款、预付货款等；存货是指企业在生产经营过程中为销售或者耗用而储存的各种资产，包括商品、产成品、半成品、在产品以及各类材料、燃料、包装物、低值易耗品、消耗性生物资料等。

非流动资产主要包括以下几部分：

长期投资。长期投资是指不准备在 1 年内变现的投资，包括长期股权投资、长期债券投资等。

固定资产。固定资产是指使用年限在 1 年以上，单位价值在规定的标准以上，并在使用过程中保持原有物质形态的资产，包括房屋及建筑物、机器设备、运输设备、工具用具等。

无形资产。无形资产是指企业长期使用而无实物形态的资产，包括专利权、非专利技术、商标权、著作权、土地使用权、商誉等。

长期待摊费用。长期待摊费用是指不能全部计入当年损益，应当在以后年度内分期摊销的各项费用。

第二节　货币资金核算

一、库存现金核算

库存现金是指小企业持有的现金，包括人民币现金和外币现金，通常是存放在财务科的保险箱里的。

库存现金是小企业流动性最强的资产，小企业应当严格遵守国家有关现金管理制度，正确进行现金收支的核算，监督现金使用的合法性和合理性。国务院发布的《现金管理暂行条例》，对现金的使用范围和收支的核算都做了严格的规定。

（一）现金的使用范围

小企业可以使用现金支付的款项。

（1）职工工资、津贴。

（2）个人劳务报酬。

（3）根据国家规定颁发给个人的科学技术、文化艺术、体育等各种奖金。

（4）各种劳保、福利费用以及国家规定的对个人的其他支出。

（5）向个人收购农副产品和其他物资的价款。

（6）出差人员必须随身携带的差旅费。

（7）结算起点（1 000元）以下的零星支出。

（8）中国人民银行确定需要支付现金的其他支出。

除上述情况可以用现金支付外，其他款项的支付应通过银行转账进行结算。

（二）现金收支的规定

小企业在办理有关现金收支业务时，至少应当遵守以下几项规定：

（1）全部现金收入应于当日存送开户银行，当日存送困难的，由开户银行另行确定送存时间。

（2）支付现金可以从本企业库存现金限额中支付或从开户银行提取，不得从本单位的现金收入中直接支付，即不得"坐支"现金，因特殊情况需要"坐支"现金的，应当事先报经开户银行审查批准，并在核定的"坐支"范围和限额内进行，同时，收支的现金必须入账。

（3）从开户银行提取现金时，应如实写明提取现金的用途，由本单位财会部门负责人签字、盖章，并经开户银行审查批准后予以支付。

（4）因采购地点不确定，交通不便，抢险救灾以及其他特殊情况必须使用现金的单位，应向开户银行提出书面申请，由本单位财会部门负责人签字，并经由开户银行审查批准后予以支付。

（5）不得"白条顶库"；不准谎报用途套取现金；不准用银行账户代替其他单位和个人存入或支取现金；不准用单位收入的现金以个人名义存储；不准保留账外公款，即不得"公款私存"，不得私设"小金库"等。

(三) 库存现金核算

为了总括地反映库存现金的收入、支出和结存情况，小企业应设置"库存现金"总分类科目。"库存现金"科目属资产类科目，它的借方登记现金的增加；贷方登记现金的减少；期末借方余额反映库存现金的实有金额。"库存现金"账户可以根据现金（或银行存款）收、付款凭证直接登记。

为了加强对现金的管理，随时掌握现金收付动态和库存余额，保证现金的安全，企业必须设置"现金日记账"，由出纳人员根据收、付款凭证，按照业务发生的顺序逐笔登记。每日终了，应当计算当日的现金收入合计额、现金支出合计额和结余额，将结余额与实际库存额核对，做到账款相符。月终，"现金日记账"的余额必须与"库存现金"总账的余额核对相符。

有外币现金的小企业，应当按照人民币现金、外币现金的币种分别设置"现金日记账"进行明细核算。

【例2-1】碧林实业有限责任公司于2017年3月1日售出甲商品，收到现金700元，根据销货发票填制"现金收款凭证"，应进行账务处理如下：

借：库存现金　　　　　　　　　　　　　700
　　贷：主营业务收入　　　　　　　　　　　　700

再如，碧林实业有限责任公司销售经理黄海2017年3月1日到北京开展销会，暂借差旅费1 000元。根据审批核准后的借款单填制"现金付款凭证"，应进行账务处理如下：

借：其他货币资金——备用金（黄海）　　1 000
　　贷：库存现金　　　　　　　　　　　　　　1 000

"其他货币资金——备用金"是指为了满足企业内部各部门和职工个人生产经营活动的需要而暂付给有关部门和人员使用的备用现金，其借方登记备用金的领用数额；贷方登记备用金的收回数额；余额在借方，表示暂付周转使用的备用金数额。

为了及时反映现金的收入、付出和结存状况，企业应设置"现金日记账"进行序时登记，现金日记账一般采用订本式的三栏式账页。碧林实业有限责任公司2017年3月1日登记现金日记账的情况详见表2-1。

表2-1 碧林实业有限责任公司现金日记账

2017年		凭证		摘要	对方账户	收入	支出	结存
月	日	种类	号数					
3	1			月初余额				90
3	1	现收	1	甲产品10件	主营业务收入	700		
3	1	现付	2	邮寄费	管理费用		30	
3	1	现付	3	汽车修理	制造费用		560	
3	1	银付	2	提现备用	银行存款	1 000		
3	1	现付	4	黄海预借差旅费	其他应收款		1 000	
				本日收付合计及余额		1 700	1 590	200
				……				
				……				
3	31			本月发生额及余额		34 000	34 040	50

现金日记账应当根据现金收款凭证（或银行存款付出凭证）和现金付款凭证，按照业务发生的顺序在"收入"栏和"支出"栏逐笔登记。每日终了，应加计收付总数，结算出库存现金结存额，以便和实际现金库存数额进行核对。通过登记现金日记账，可以反映现金增减和结存状况，便于现金管理和合理使用。

出纳人员在日常现金报销与管理业务中发现现金长短款（现金溢余或短缺），待查明原因后，应分别情况进行会计处理：

（1）如为现金短缺，属于应由责任人赔偿的部分应计入其他应收款；属于无法查明的其他原因，根据管理权限，经批准后计入管理费用；属于玩忽职守，违反纪律，有章不循等原因造成的重大责任性差错，应追究失职者的经济责任，给予适当处分；数额较大，影响严重的，应追究其法律责任。

（2）如为现金溢余，属于应支付给有关人员或单位的，应计入其他应付款；属于确实无法查明原因的现金溢余，经批准后计入营业外收入。

二、银行存款核算

银行存款是指储存在银行的款项。按照国家现金管理和支付结算办法的规定，每个小企业都要在所在地银行开立账户，用来办理存款、取款和转账结算。企业除按规定留有限额内的少量现金外，多余的现金都必须存入银行，银行可以把企业暂时闲散的资金集中起来加以充分利用。小企业应根据业务的实际情况需要，在其所开设的银行账户中进行存款、取款以及各种收支转账业务的结算。

（一）银行结算账户

银行结算账户是指银行为存款人开立的办理资金收付结算的人民币活期存款账户。存款人以单位名称开立的银行结算账户为单位银行结算账户。单位银行结算账户按用途分为基本存款账户、一般存款账户、专用存款账户和临时存款账户几大类。

（1）基本存款账户是存款人因办理日常转账结算和现金收付需要开立的银行结算账户。

（2）一般存款账户是存款人因借款或其他结算需要，在基本存款账户开户银行以外的银行营业机构开立的银行结算账户。

（3）专用存款账户是存款人按照法律、行政法规和规章，对其特定用途资金（如基本建设资金，党、团、工会设在单位的组织机构经费等）进行专项管理和使用而开立的银行结算账户。

（4）临时存款账户是存款人因临时需要（如注册验资等）并在规定

期限内使用而开立的银行结算账户。

小企业在生产经营过程中,由于采购材料、供应劳务、发放工资、上缴税金等必须和其他经济组织发生经济往来,则必然会引起与其他单位、企业内部和职工个人发生各种应收、应付、暂收、暂付等款项的结算。小企业必须按照经济合同和结算制度及时收付款项,去银行办理相关结算手续。

(二)结算方式及其有关规定

结算方式是指用一定的形式和条件来实现各单位(或个人)之间货币收付的程序和方法。结算方式是办理结算业务的具体组织形式,是结算制度的重要组成部分,分现金结算方式和非现金结算方式。小企业除按规定的范围使用现金结算外,大部分货币收付业务应使用非现金结算。支付结算方式要适应商品交易多样化的需要。根据中国人民银行有关支付结算办法规定,现行的银行转账结算方式主要有汇票(包括商业汇票和银行汇票)、本票、支票、委托收款、汇兑、托收承付、信用卡、信用证等结算方式,银行结算方式分类详见图2-2。

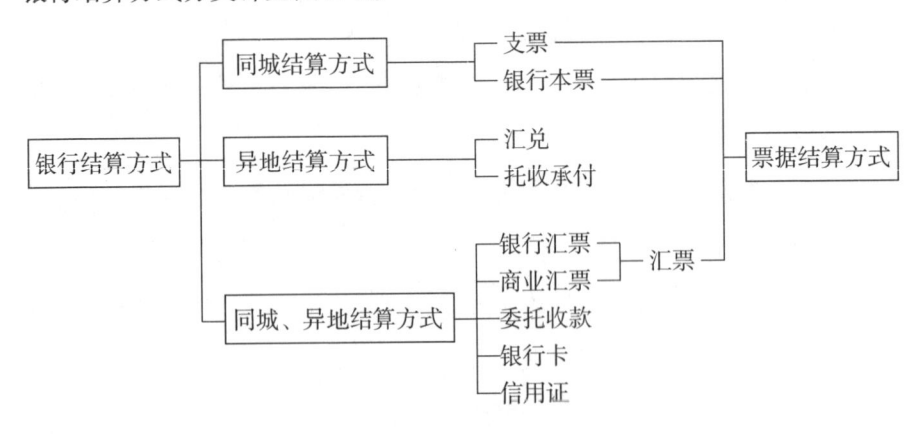

图2-2 银行结算方式分类

结算方式按照适用范围不同可以分为同城结算和异地结算。同城结算方式是指在同一城市范围内各单位或个人之间的经济往来,通过银行办理款项划转的结算方式，主要有本票和支票；异地结算方式是指不同城镇、不同地区的单位或个人之间的经济往来通过银行办理款项划转的结算方式，主要有汇兑、托收承付；同城、异地均可适用的结算方式有银行汇票、商业汇票、委托收款、银行卡、信用证。

结算方式按照结算形式不同，可以分为票据结算和非票据结算。票据结算包括银行汇票、商业汇票、本票和支票结算；非票据结算包括委托收款、异地托收承付、汇兑结算、银行卡结算和信用证结算。

结算方式按照申请人不同，可以分为申请人为付款人的结算方式和申请人为收款人的结算方式。申请人为付款人的结算方式包括支票、本票、银行汇票、商业汇票、汇兑、银行卡、信用证等结算方式；申请人为收款人的结算方式包括委托收款和托收承付等结算方式；申请人可以是付款人，也可以是收款人的结算方式为商业承兑汇票结算方式。

对付款人来说，执行结算方式的基本原则是：恪守信用，履约付款；对收款人来说，执行结算方式的基本原则是：谁的钱进谁的账，由谁支配。

每一种结算方式的结算程序、适用范围、运用的会计科目等各不相同。企业之间的支付结算必须通过经中国人民银行批准的金融机构进行，必须遵守银行结算纪律。企业不准签发没有资金保证的票据和远期支票，套取银行信用；不准签发、取得和转让没有真实交易和债权、债务的票据，套取银行和他人资金；不准无理拒绝付款，任意占用他人资金；不准违反规定开立和使用账户。企业必须严格遵守银行有关开立账户和支付结算办法规定的结算纪律，保证结算业务的正常运行。

（三）银行存款核算

为了反映和监督"银行存款"的增减变化及其结存情况，小企业应当设置"银行存款"科目，核算小企业存入银行或其他金融机构的各种款项。小企业增加银行存款，应借记"银行存款"科目，贷记"库存现金""应收账款"等科目；减少银行存款时，则做相反的会计分录。"银行存款"科目期末借方余额，反映小企业存在银行或其他金融机构的各种款项。

银行结算户存款的收付业务，应由财会部门的出纳人员负责办理。企业必须以银行结算户存款收付业务所规定的会计手续取得各种银行结算凭证，如汇票、支票、本票、委托收款、托收承付等结算凭证，作为收、付款的原始凭证。原始凭证经会计部门有关人员审核签证后，据以填制银行结算户存款收款凭证或付款凭证后才能作为银行结算户收、付款项的记账依据。

小企业可按开户银行和其他金融机构、存款种类等设置"银行存款日记账"，由出纳人员根据收、付款凭证，按照业务的发生顺序逐笔登记。每日终了，应结出余额。"银行存款日记账"应定期与"银行对账单"核对，至少每月核对一次。小企业银行存款账面余额与银行对账单余额之间如有差额，应编制"银行存款余额调节表"，调节相符。

有外币银行存款的小企业，还应当分别按人民币和外币进行明细核算。

"银行存款日记账"一般采用订本式的三栏式账页，其内容、结构、登记方法及作用与"现金日记账"基本相同。

小企业日常发生的货币资金收付业务通常可以采用以下几种结算方式，通过银行办理转账结算。

1. 支票核算

支票是单位或个人签发的，由委托办理支票存款业务的银行在见票时无条件支付确定的金额给收款人或持票人的票据。支票结算方式是同城结算中应用比较广泛的一种结算方式。单位和个人在同一票据交换区域的各种款项结算，均可使用支票。

【例2-2】碧林实业有限责任公司为一般纳税人企业，从斯特科技公司购入原材料一批，增值税专用发票上注明的价款为20 000元，增值税额为3 400元，款项已用转账支票付讫，原材料已验收入库。

企业开出支票时，根据支票存根和收款人开出的发票等原始凭证，借记有关科目，贷记"银行存款"科目。应进行账务处理如下：

借：原材料　　　　　　　　　　　　　　　　20 000
　　应交税费——应交增值税（进项税额）　　3 400
　　贷：银行存款　　　　　　　　　　　　　23 400

再如，斯特科技公司为一般纳税人企业，本期销售一批产品，增值税专用发票上注明的价款为20 000元，增值税额为3 400元，收到转账支票。

企业收到支票时，应填制进账单连同收到的支票到银行办理收款手续，届时借记"银行存款"科目，贷记有关科目。应进行账务处理如下：

借：银行存款　　　　　　　　　　　　　　　23 400
　　贷：主营业务收入　　　　　　　　　　　20 000
　　　　应交税费——应交增值税（销项税额）3 400

2. 汇票核算

汇票是指出票人签发的、委托付款人在见票时或者在指定日期无条件支付确定的金额给收款人或者持票人的票据。

在银行开立账户的法人之间根据购销合同进行的商品交易均可使用汇票，汇票在同城和异地均可使用。汇票承兑期限由交易双方商定，付款日期有见票即付、定日付款、出票后定期付款、见票后定期付款等形式。如属分期付款，应一次签发若干张不同期限的汇票。汇票承兑后，承兑人即付款人负有到期无条件支付票款的责任。汇票一律记名，允许背书转让。汇票按照出票人的不同分为银行汇票和商业汇票。

1）银行汇票

银行汇票是出票银行签发的，由出票银行在见票时按照实际结算金额无条件支付给收款人或持票人的票据。银行汇票适用于先收款后发货或钱货两清的商品交易。单位和个人在同城或异地结算各种款项，均可使用银行汇票。

银行汇票核算可以通过银行存款相应的明细科目进行核算，也可以通过增设"其他货币资金"科目进行核算。

其他货币资金是指小企业除库存现金、银行存款以外的其他各种货币资金，即指存放地点和用途均与现金和银行存款不同的货币资金。

小企业应当设置"其他货币资金"科目，核算小企业的银行汇票存款、银行本票存款、信用卡存款、信用证保证金存款、外埠存款、备用金等其他货币资金，并应当按照银行汇票或本票、信用卡发放银行、信用证的收款单位、外埠存款的开户银行，分别"银行汇票""银行本票""信用卡""信用证保证金""外埠存款"等进行明细核算。小企业增加其他货币资金，借记"其他货币资金"科目，贷记"银行存款"科目；减少其他货币资金，做相反的会计分录。"其他货币资金"科目期末借方余额，反映小企业持有的其他货币资金。

其他货币资金就其性质而言，同库存现金和银行存款一样均属于货币资金，但是存放地点和用途不同于库存现金和银行存款，因而在会计上可以分别核算。

【例2-3】碧林实业有限责任公司为一般纳税人企业，持银行汇票20 000元从东北公司购买材料，增值税专用发票上注明的价款为10 000元，增值税额为1 700元，支付运杂费2 000元。材料已验收入库，剩余票款已退回并存入银行。

（1）申请签发银行汇票时，应进行账务处理如下：

借：其他货币资金——银行汇票　　　　　　20 000

　　贷：银行存款　　　　　　　　　　　　　　20 000

（2）购买材料与支付运杂费时，应进行账务处理如下：

借：原材料　　　　　　　　　　　　　　　12 000

| 应交税费——应交增值税（进项税额） | 1 700 |
| 贷：其他货币资金——银行汇票 | 13 700 |

（3）收到剩余票款时，应进行账务处理如下：

| 借：银行存款 | 6 300 |
| 贷：其他货币资金——银行汇票 | 6 300 |

2）商业汇票

商业汇票是出票人签发的，委托付款人在指定日期无条件支付确定的金额给收款人或者持票人的票据。在银行开立存款账户的法人以及其他组织之间必须具有真实的交易关系或债权、债务关系，才能使用商业汇票。商业汇票包括商业承兑汇票和银行商业汇票。

商业汇票应通过"应收票据"和"应付票据"科目核算。

"应收票据"科目属于资产类科目，用以核算企业因销售产品等收到的商业汇票，其借方登记收到的汇票金额；贷方登记兑现或转让的汇票金额；余额在借方，表示尚未收讫的汇票金额。

"应付票据"科目属于负债类科目，用以核算企业购买材料物资而开出的或发生债务时开出的承兑商业汇票，其借方登记付款的汇票金额；贷方登记开出承兑的汇票金额；余额在贷方，表示尚未清偿的汇票金额。

【例2-4】碧林实业有限责任公司（购货单位、承兑人）因购买一项专利技术开出为期1个月的商业承兑汇票100 000元，交给收款人，应进行账务处理如下：

| 借：无形资产 | 100 000 |
| 贷：应付票据——商业承兑汇票 | 100 000 |

1个月后，购货单位在汇票到期支付汇票款100 000元时，应进行账务处理如下：

| 借：应付票据——商业承兑汇票 | 100 000 |

贷：银行存款　　　　　　　　　　　　　　　　　100 000

　　收款人在收到商业承兑汇票100 000元并已发货给对方时，应进行账务处理如下：

　　借：应收票据——商业承兑汇票　　　　　　　100 000
　　　贷：其他业务收入　　　　　　　　　　　　　　100 000

　　1个月后，销货单位（收款人）在收到银行有关收款通知时，应进行账务处理如下：

　　借：银行存款　　　　　　　　　　　　　　　　100 000
　　　贷：应收票据——商业承兑汇票　　　　　　　　100 000

　　银行承兑汇票由银行承兑，由在承兑银行开立存款账户的存款人签发。企业申请使用银行承兑汇票时，应向其承兑银行按票面金额的5‰交纳手续费。银行承兑汇票的出票人应于汇票到期前将票款足额交存其开户银行。银行承兑汇票的出票人于汇票到期前未能足额交存票款时，承兑银行除凭票向持票人无条件付款外，对出票人尚未支付的汇票金额按照每天5‰计收利息。

　　【例2-5】碧林实业有限责任公司为一般纳税人企业，为向乙公司购买A材料，向开户银行申请使用银行承兑汇票，票面金额为234 000元，并支付手续费100元。乙公司开出的增值税专用发票上注明A材料价款200 000元，增值税额34 000元，A材料已收到并验收入库。两个月到期后，碧林实业有限责任公司接到银行的付款通知，当即承诺付款。

　　碧林实业有限责任公司账务处理说明如下：

　　（1）申请使用银行承兑汇票，支付手续费时，应进行账务处理如下：

　　借：财务费用　　　　　　　　　　　　　　　　　100
　　　贷：银行存款　　　　　　　　　　　　　　　　　100

　　（2）购买A材料，交付银行承兑汇票时，应进行账务处理如下：

第二章 流动资产

借：原材料	200 000	
应交税费——应交增值税（进项税额）	34 000	
贷：应付票据——银行承兑汇票		234 000

（3）到期收到银行付款通知，同意付款时，应进行账务处理如下：

借：应付票据——银行承兑汇票	234 000	
贷：银行存款		234 000

乙公司账务处理说明如下：

（1）收到银行承兑汇票时，应进行账务处理如下：

借：应收票据——银行承兑汇票	234 000	
贷：主营业务收入		200 000
应交税费——应交增值税（销项税额）		34 000

（2）收到银行入账通知时，应进行账务处理如下：

借：银行存款	234 000	
贷：应收票据——银行承兑汇票		234 000

3. 委托收款核算

委托收款是收款人委托银行向付款人收取款项的结算方式。无论单位还是个人都可凭已承兑商业汇票、债券、存单等付款人债务证明办理收取同城或异地款项手续。委托收款还适用于收取电费、电话费等付款人众多且分散的公用事业费等有关款项。

委托收款结算款项的划回方式分为邮寄和电报两种，由收款人选用。

【例2-6】碧林实业有限责任公司持有AA公司签发并承兑的已到期商业承兑汇票，金额为12 000元。碧林实业有限责任公司委托开户银行办理收款事项，并填妥电划委托收款凭证，连同到期的商业承兑汇票提交给开户银行。不日，碧林实业有限责任公司收到开户银行转来的收款通知，应进行账务处理如下：

041

借：银行存款　　　　　　　　　　　　　　　　　　12 000
　　贷：应收票据——商业承兑汇票　　　　　　　　　12 000

付款单位接到银行付款通知，审查债务凭证后，通知银行付款时，借记"应付账款""应付票据"等科目，贷记"银行存款"科目。

AA公司应进行账务处理如下：

借：应付票据——商业承兑汇票　　　　　　　　　　12 000
　　贷：银行存款　　　　　　　　　　　　　　　　　12 000

（四）银行存款余额调节表

为了保证会计账簿记录的真实、准确，避免银行存款账目发生差错，月份终了，除了"银行存款日记账"的余额必须与"银行存款"总账的余额核对相符外，还必须与银行核对存款账目。

出纳员应定期将银行存款日记账的收入、付出和余额与银行定期送来的对账单进行逐笔核对，每月至少要核对一次。两者如不一致，除了是因为记账错误外，还可能是因有未达账项所造成的。

未达账项是指银行收付业务的结算凭证，在企业与银行之间传递存在时间先后的差别，造成一方已经入账，而另一方尚未入账的款项。

未达账项一般有下列几种情况：

（1）银行已记作企业存款增加，而企业尚未入账的款项，如银行已经入账，而收款通知尚未到达企业的托收款项。

（2）银行已记作企业存款减少，而企业尚未入账的款项，如银行已经付款转账，而付款通知尚未到达企业的供货单位的托收款项。

（3）企业已记作存款增加，而银行尚未入账的款项，如企业送存其他单位交来的转账支票，而银行尚未收妥入账的款项。

（4）企业已记作存款减少，而银行尚未入账的款项，如企业开出支票，而对方尚未到银行办理转账手续的款项。

上述四种未达账项的情况,企业除根据银行送来的对账单逐笔核对外,还需编制银行存款余额调节表。现举例说明如下:

【例 2-7】2017 年 3 月 31 日,碧林实业有限责任公司"银行存款日记账"的账面余额为 5 400 000 元,而银行对账单的企业存款余额为 8 300 000 元,经过逐笔核对,发现有以下的未达账项:

(1) 3 月 30 日,企业收到并送存的其他单位的转账支票 6 000 000 元,银行尚未登入企业存款账户。

(2) 3 月 31 日,企业开出普通支票 4 500 000 元,持票人尚未到银行支取。

(3) 3 月 30 日,委托银行代收购货款 4 800 000 元,银行已收到入账,而企业尚未接到银行通知。

(4) 3 月 31 日,银行代付电话费 400 000 元,而企业尚未收到付款通知。

根据以上未达账项,编制银行存款余额调节表如表 2-2 所示。

表 2-2 银行存款余额调节表

2017 年 3 月 31 日　　　　　　　　　　　　　　　　　　　　　单位:元

项目	金额	项目	金额
企业银行存款账户余额	5 400 000	银行对账单上企业存款余额	8 300 000
加:银行已收,企业未收的款项	4 800 000	加:企业已收,银行未收的款项	6 000 000
减:银行已付,企业未付的款项	400 000	减:企业已付,银行未付的款项	4 500 000
调整后的存款余额	9 800 000	调整后的存款余额	9 800 000

调节后的银行存款余额,是月末企业银行存款的真正实有数额,即企业实际可动用的存款数额。若余额不等,应查明原因,如为企业错账,应予以更正;如为银行错误,应通知银行更正。对于银行已经入账的未达款项,企业应保持银行存款日记账的原来余额,不应变动任何账面记录,待银行转来有关收、付款结算凭证后,再进行账务处理。

第三节　短期投资核算

一、短期投资概述

小企业的对外投资可以分为短期投资和长期投资两种。

短期投资是指小企业购入的能随时变现并且持有时间不准备超过1年（含1年）的投资，如小企业以赚取差价为目的从二级市场购入的股票、债券等。

短期投资的主要特点简要介绍如下。

一是企业利用暂时闲置的资金去购买股票、债券等，以获取高于市场利率的收益。因此，一旦所购入的股票、债券能够获得一定收益时，或企业急需现金时，即可在证券市场抛售出去，收回投出的资金及其相应产生的投资收益。所以，小企业短期投资的目的在于冒低程度的风险，获取较高的收益，它能够随时变现，是一项货币性的流动资产。

二是投资回收期不同。短期投资的回收期在1年以内，长期投资回收期在1年以上。

三是投资变现能力不同。短期投资随时能够变现，长期投资一般不能或者不要求随时变现或不准备随时变现。

二、短期投资的核算

为了总括地反映企业对外短期投资增减变动的经济业务，小企业应设置"短期投资"科目。该科目属资产类科目，用以核算小企业购入的能随时变现并且持有时间不准备超过1年（含1年）的投资。"短期投资"科目可按股票、债券等短期投资种类进行明细核算。

1. 取得短期投资的核算

小企业取得短期投资，应当按照实际支付的购买价款作为成本进行计量。购入各种股票、债券等作为短期投资时，应当按照实际支付的全部价款，借记"短期投资"科目，贷记"银行存款"科目。

如实际支付价款中包含的已宣告但尚未发放的现金股利或已到付息期但尚未领取的债券利息，应当单独确认为应收股利或应收利息，不计入短期投资的成本。

（1）小企业购入股票，如果实际支付的价款中包含已宣告但尚未发放的现金股利，应当按照实际支付的全部价款扣除已宣告但尚未发放的现金股利，借记"短期投资"科目；按应收的现金股利，借记"应收股利"科目；按实际支付的全部价款，贷记"银行存款"科目。

（2）小企业购入债券，如果实际支付的价款中包含已到付息期但尚未领取的债券利息，应当按照实际支付的全部价款扣除已到付息期但尚未领取利息，借记"短期投资"科目；按应收的利息，借记"应收利息"科目；按实际支付的全部价款，贷记"银行存款"科目。

2. 短期投资持有期间的核算

短期投资在持有期间，被投资单位宣告发放的现金股利或在资产负债表日按分期付息、一次还本债券投资的票面利率计算的利息收入，应当计入投资收益。

（1）小企业在短期投资持有期间，被投资单位宣告发放的现金股利，借记"应收股利"科目，贷记"投资收益"科目。

（2）月度终了，按照分期付息、一次还本债券投资的票面利率计算的利息收入，借记"应收利息"科目，贷记"投资收益"科目。

（3）实际收到现金股利或利息，借记"银行存款"科目，贷记"应收股利"或"应收利息"科目。

3. 出售短期投资的核算

小企业短期投资出售时，应当将实际取得的价款与短期投资账面余额之间的差额计入投资收益。即应当按照实际收到的价款，借记"银行存款"或"库存现金"科目；按该项短期投资的账面余额，贷记"短期投资"科目；按尚未收到的现金股利或利息，贷记"应收股利"或"应收利息"科目；按其差额，贷记或借记"投资收益"科目。

4. "短期投资"科目期末借方余额，反映小企业持有的短期投资成本

【例2-8】碧林实业有限责任公司以50 000元购入每股面值5元的乙公司普通股股票10 000股，其中包括发行公司已宣布分派但尚未支付的股利2 500元，应进行账务处理如下：

借：短期投资——乙股票　　　　　　　　　　47 500
　　应收股利　　　　　　　　　　　　　　　 2 500
　　贷：银行存款　　　　　　　　　　　　　50 000

出售股票后，应按实收价款大于股票账面成本价值的差额，贷记"投资收益"科目；如果实收价款小于股票账面成本价值的差额，则借记"投资收益"科目。

【例2-9】乙公司以30 000元购入每份面值100元B债券300张，应进行账务处理如下：

借：短期投资——B债券　　　　　　　　　　30 000
　　贷：银行存款　　　　　　　　　　　　　30 000

第四节　应收及预付款项核算

一、应收及预付款项概述

应收及预付款项,是指小企业在日常生产经营过程中发生的各项债权,包括应收款项(应收票据、应收账款、其他应收款)和预付账款等。

应收及预付款项应当按照以下规定进行账务处理:

(1)应收及预付款项应当按照实际发生额入账,并按照往来户名等设置明细账,进行明细核算。

(2)应收及预付款项实际发生坏账时,应当作为损失计入当期管理费用,同时冲销应收及预付款项。

(3)带息的应收款项,应于期末按照本金(或票面价值)与确定的利率计算的金额,增加其账面余额,并将其确认为利息收入,计入当期损益。

(4)到期不能收回的应收票据,应按其账面余额转入应收账款,并不再计提利息。

二、应收票据

应收票据是指企业因采用商业汇票结算方式销售商品、产品等而收到的商业汇票。商业汇票是一种由出票人签发的,委托付款人在指定日期无条件支付确定金额给收款人或者持票人的票据。

根据承兑人的不同,商业汇票分为商业承兑汇票和银行承兑汇票。根据票据是否带息,商业汇票分为带息商业汇票(简称带息票据)和不带息商业汇票（简称不带息票据）。

带息票据是指汇票到期时，承兑人按票据面额及应计利息之和向收款人付款的商业汇票。在这类商业汇票中，票面价值为本金，另外标有票面利率（一般是年利率），即：票据到期值＝票据面值＋票据利息。应收票据一般按其面值计价，但对于带息的应收票据，应于期末按应收票据的票面价值和确定的利率计提利息，计提的利息应增加应收票据的账面余额。

不带息票据是指票据到期时，承兑人仅按票据面值向收款人付款的票据。在这一商业汇票中，票面价值一般为本利和，即已将票据的利息计入面值，不另外标有票面利率，即：票据到期值＝票据面值。

商业汇票到期结清票款后，应在应收票据备查簿内逐笔注销。应收票据备查簿是控制应收票据的有效手段之一。

1. 取得应收票据

因债务人抵偿前欠货款而取得的应收票据，借记"应收票据"账户，贷记"应收账款"账户；因企业销售货物等取得的应收票据，借记"应收票据"账户，贷记"主营业务收入""应交税费——应交增值税（销项税额）"等账户。

【例2-10】A企业销售一批产品给B公司，货已发出，货款40 000元，增值税额为6 800元。按合同约定3个月以后付款。B公司交给A公司一张不带息3个月到期的商业承兑汇票，面值46 800元，A企业应进行账务处理如下：

借：应收票据　　　　　　　　　　　　　　46 800
　　贷：主营业务收入　　　　　　　　　　40 000
　　　　应交税费——应交增值税（销项税额）　6 800

2. 收回到期票款

不带息票据的到期值即是票据的面值，因此收回时，应按票面金额借记"银行存款"账户，贷记"应收票据"账户。

【例 2-11】C 企业收到 D 企业签发的一张带息 3 个月到期的商业承兑汇票，用于抵偿前欠货款，汇票的面值为 40 000 元，票面利率 6%，C 企业应进行账务处理如下：

取得应收票据时：

借：应收票据　　　　　　　　　　　　　40 000

　　贷：应收账款　　　　　　　　　　　　40 000

3 个月后，应收票据到期收回款项，存入银行时：

应收票据到期值 =40 000×（1+6%×3/12）=40 600（元）

借：银行存款　　　　　　　　　　　　　40 600

　　贷：应收票据　　　　　　　　　　　　40 000

　　　　财务费用　　　　　　　　　　　　　　600

3. 应收票据贴现

应收票据贴现是指持票人因急需资金，将未到期的商业汇票背书后转让给银行，贴给银行一定利息后收取剩余票款的业务活动。银行计算贴现利息的利率称为贴现率，企业从银行获得的票据到期值扣除贴现利息后的货币收入，称为贴现收入。其公式为：

贴现收入 = 票据到期值 − 贴现利息

贴现利息 = 票据到期值 × 贴现率 × 贴现期

贴现期 = 票据期限 − 企业已持有票据期限

企业应按商业汇票的贴现收入，借记"银行存款"账户；按贴现商业汇票的账面价值；贷记"应收票据"账户；对于贴现收入与账面价值的差额，借记或贷记"财务费用"账户。

【例 2-12】E 公司于 2017 年 4 月 1 日将 2 月 1 日开出并承兑的面值为 100 000 元，年利率为 8%，5 月 1 日到期的商业承兑汇票向银行贴现，贴现率为10%，则贴现利息和贴息收入计算如下：

到期值 =100 000×（1+8%×90/360）=102 000（元）

贴现期 =90-60=30（天）

贴现利息 =102 000×10%×30/360=850（元）

贴现收入 =102 000-850=101 150（元）

E公司应进行账务处理如下：

借：银行存款　　　　　　　　　　　　　101 150

　　贷：应收票据　　　　　　　　　　　　100 000

　　　　财务费用　　　　　　　　　　　　　1 150

4. 应收票据的转让

应收票据的转让是指持票人因偿还前欠货款等原因，将未到期的商业汇票背书后转让给其他单位或个人的业务活动。应收票据进行转让时，按实际转让收入，借记"应付账款"等账户；按票面价值，贷记"应收票据"账户；按其差额借记或贷记"财务费用"账户。

三、应收账款

应收账款是指企业因销售产品、商品或提供劳务等，应向购货或接受劳务单位收取的款项。应收账款主要包括企业出售产品、商品、材料、提供劳务等应向有关债务人收取的价款及代购货方垫付的运杂费等。

小企业应当设置"应收账款"科目，用以核算小企业因销售商品、提供劳务等经营活动应收取的款项。"应收账款"科目可按债务人进行明细核算。小企业因销售商品或提供劳务形成应收账款，应当按照应收金额，借记"应收账款"科目；按照应交增值税销项税额，贷记"应交税费——应交增值税（销项税额）"科目；按其差额，贷记"主营业务收入"或"其他业务收入"科目；收回应收账款时，借记"银行存款"或"库存现金"

科目，贷记"应收账款"科目；"应收账款"科目期末借方余额，反映小企业尚未收回的应收账款。

【例2-13】碧林实业有限责任公司销售一批产品。按价目表标明的价格计算，金额为40 000元（不含税）。由于是成批销售，该公司给予购货方10%的商业折扣。其现金折扣条件为2/10、1/20、0/30，适用增值税税率为17%。客户于第17天付款，应作账务处理如下：

（1）销售商品时。商业折扣是销货企业为了鼓励客户多购商品而在商品标价上给予的扣除。由于商业折扣在销售发生时就已发生，在开出的发票上已予以扣除，企业只需按扣除商业折扣后的净额确认销售收入和应收账款即可。

应收账款的入账价值 =40 000×90%×（1+17%）=42 120（元）

借：应收账款　　　　　　　　　　　　　　42 120
　　贷：主营业务收入　　　　　　　　　　　36 000
　　　　应交税费——应交增值税（销项税额）　6 120

（2）第15天付款，收到款项时。现金折扣是企业为了鼓励客户提前偿付货款而向客户提供的债务扣除。现金折扣一般用符号"折扣/付款期限"来表示。例如，"2/10、1/20、0/30"表示买方在10天内付款，销货企业将按商品售价给客户2%的折扣；买方在20日内付款，销货企业可按售价给客户1%的折扣；销货企业允许客户最长付款期限为30天，但客户在21天至30天内付款，将不能享受现金折扣。

现金折扣为 42 120×1%=421.20（元）

借：银行存款　　　　　　　　　　　　　　41 698.80
　　财务费用　　　　　　　　　　　　　　　　421.20
　　贷：应收账款　　　　　　　　　　　　　42 120

四、预付账款

预付账款是指企业按照合同规定预付给供应单位的货款，它是被供货单位暂时占用的资金。企业预付货款后，有权要求对方按照合同的规定发货。预付账款必须以购销双方签订的购销合同为条件，按照规定的程序和方法进行核算。

小企业应当设置"预付账款"科目核算小企业按照合同规定预付的款项，包括根据合同规定预付的购货款、租金等。小企业进行在建工程预付的工程价款，也在"预付账款"科目核算。"预付账款"科目可按供货单位或个人进行明细核算。

预付账款的核算包括预付款项和收回货物两方面。小企业因购货而预付的款项，借记"预付账款"科目，贷记"银行存款"等科目。收到所购物资，按照应计入购入物资成本的金额，借记"在途物资"或"原材料""库存商品"等科目；按照应交增值税进项税额，借记"应交税费——应交增值税（进项税额）"科目；按照应支付的金额，贷记"预付账款"科目。补付的款项，借记"预付账款"科目，贷记"银行存款"等科目；退回多付的款项，做相反的会计分录。

小企业进行在建工程预付的工程价款，借记"预付账款"科目，贷记"银行存款"等科目。按工程进度结算工程价款，借记"在建工程"科目，贷记"预付账款"科目、"银行存款"等科目。

本科目期末借方余额，反映小企业预付的各种款项。

预付货款不多的企业，可以不设置"预付账款"科目，将预付账款并入"应付账款"科目加以核算。

【例2-14】碧林实业有限责任公司向前锋公司采购甲材料20吨，单价2 000元，货款总额40 000元。按照合同规定向前锋公司预付货款的

30%，验收货物后补付其余款项。

（1）预付30%的货款，应进行账务处理如下：

借：预付账款——前锋公司　　　　　　　　　12 000
　　贷：银行存款　　　　　　　　　　　　　　12 000

（2）收到前锋公司发来的20吨材料，经验收无误，有关发票记载的货款为40 000元，增值税额为6 800元。据此以银行存款补付不足款项，应进行账务处理如下：

借：原材料　　　　　　　　　　　　　　　　40 000
　　应交税费——应交增值税（进项税额）　　 6 800
　　贷：预付账款——前锋公司　　　　　　　　46 800
借：预付账款——前锋公司　　　　　　　　　34 800
　　贷：银行存款　　　　　　　　　　　　　　34 800

五、其他应收款

其他应收款是指小企业除应收票据、应收账款、预付账款、应收股利、应收利息等以外的其他各种应收及暂付款项，包括各种赔款、罚款、应向职工收取的各种垫付款项等。其核算内容主要包括以下几方面。

（1）应收的各种赔款、罚款。

（2）应收出租包装物租金。

（3）应向职工收取的各种垫付款项。

（4）其他各种应收、暂付款项。

小企业的其他应收款应设置"其他应收款"科目核算。当小企业发生其他各种应收款项时，借记"其他应收款"科目，贷记"库存现金""银行存款""固定资产清理"等科目。小企业收回其他各种应收款项时，借记"库存现金""银行存款""应付职工薪酬"等科目，贷记"其他应收款"科目。"其他应收款"科目期末借方余额，反映小企业尚未收回的其他应收款项，该科目可按对方单位（或个人）进行明细核算。

六、坏账损失

坏账，是指小企业无法收回或收回的可能性极小的各种应收款项。由于坏账而产生的损失，称为坏账损失。

小企业对于往来款项可采用与对方单位核对账目的方法进行清查。可在检查结算往来款项账目正确性和完整性的基础上，根据有关明细分类账的记录，按用户编制对账单，送交对方单位进行核对。对账单一般一式两联，其中一联作为回单。如果对方单位核对相符，应在回单上盖章后退回；如果数字不符，则应将不符的情况在回单上注明，或另抄对账单退回，以便进一步清查。在核对过程中，如果发现未达账项，双方都应采用调节账面余额的方法，来核对往来款项是否相符。尤其应注意查明有无双方发生争议的款项、没有希望收回的款项以及无法支付的款项，以便及时采取相应措施进行处理，避免或减少坏账损失。

按照我国《小企业会计准则》的规定，小企业应收及预付款项符合下列条件之一的，减除可收回的金额后确认的无法收回的应收及预付款项，可以作为坏账损失。

（1）债务人依法宣告破产、关闭、解散、被撤销，或者被依法注销、吊销营业执照，其清算财产不足清偿的。

（2）债务人死亡，或者依法被宣告失踪、死亡，其财产或者遗产不足清偿的。

（3）债务人逾期3年以上未清偿，且有确凿证据证明已无力清偿债务的。

（4）与债务人达成债务重组协议或法院批准破产重整计划后，无法追偿的。

（5）因自然灾害、战争等不可抗力导致无法收回的。

（6）国务院财政、税务主管部门规定的其他条件。

当小企业应收账款实际发生坏账时，应当按照实际发生的坏账金额，经核实并办理报批手续后可直接借记"营业外支出"科目，贷记"应收账款"科目。小企业发生的坏账损失经主管税务部门批准同意的，可以税前列支；未经主管税务部门批准同意的，应调整应纳税所得额。

【例2-15】碧林实业有限责任公司6月因大海公司破产，应收大海公司的10 000元账款无法收回。

碧林实业有限责任公司应进行如下账务处理。

借：营业外支出——坏账损失　　　　　10 000
　　贷：应收账款——大海公司　　　　　　10 000

第五节　存货核算

一、存货概述

（一）存货的概念与特征

存货是指小企业在日常生产经营过程中持有以备出售的产成品或商品、处在生产过程中的在产品、在生产过程或提供劳务过程中耗用的材料和物料等，以及农业小企业为出售而持有的、或在将来收获为农产品的消耗性生物资产。

存货区别于固定资产等非流动资产的最基本特征是，企业持有存货的最终目的是为了出售，包括可供直接销售的产成品、商品以及需经过进一步加工后出售的原材料等。

在会计核算上，作为存货还必须同时具备以下两个条件：一是该存货包含的经济利益很可能流入企业；二是该存货的成本能够可靠地计量。

存货在流动资产总额中一般占有较大比重。企业应注意存货的保管、维护和安全，防止损失；应加强对存货的管理、控制和核算，做好存货的收发计量工作；应合理安排好存货储备，避免因存货积压而引起的资金周转困难或因存货不足而影响企业正常的生产经营活动。有效地使用存货，对降低生产和经营成本，加速资金周转，提高企业的经济效益起着十分重要的作用。

（二）存货分类

小企业的存货通常包括以下内容。

1. 原材料

原材料是指企业在生产过程中经加工改变其形态或性质并构成产品主要实体的各种原料及主要材料、辅助材料、外购半成品（外购件）、修理用备件（备品备件）、包装材料、燃料等。为简化起见，小企业为建造固定资产等各项工程而储备的各种材料，列入原材料的范畴。

2. 包装物

包装物是指为了包装本企业产品而储备的各种包装容器，如桶、箱、瓶、坛、袋等。

3. 低值易耗品

低值易耗品是指不作为小企业固定资产核算的各种用具物品，如工具、管理用具、玻璃器皿以及在经营过程中周转使用的包装容器等。

4. 在产品

在产品是指企业正在制造的尚未完工的产品，包括正在各个生产工序加工的产品，和已加工完毕但尚未检验或已检验但尚未办理入库手续的产品。

5. 半成品

半成品是指经过一定生产过程并已检验合格交付半成品仓库保管，但尚未制造完工成为产成品，仍需进一步加工的中间产品。

6. 产成品

产成品是指工业企业已经完成全部生产过程并验收入库，可以按照合同规定的条件送交订货单位，或者可以作为商品对外销售的产品。企业接受外来原材料加工制造的代制品和为外单位加工修理的代修品，制造和修理完成验收入库后应视同企业的产成品。

7. 商品

商品是指商品流通企业外购或委托加工完成验收入库用于销售的各种商品。

8. 消耗性生物资产

消耗性生物资产是指小企业（农业）生长中的大田作物、蔬菜、用材林以及存栏待售的牲畜等。

（三）存货成本的确定

企业在持续经营的前提下，存货入账价值的基础是存货取得时的历史成本或者实际成本。小企业取得存货，应当按照成本进行计量。

（1）外购存货的成本，包括购买价款、相关税费、运输费、装卸费、保险费以及在外购存货过程中发生的其他直接费用，但不包括按照税法规定可以抵扣的增值税额。

（2）通过进一步加工取得的存货成本，包括材料费、人工费以及按照一定方法分配的制造费用。

（3）投资者投入存货的成本，应当按照投资合同或协议约定的价值确定。

（4）提供劳务的成本，包括与劳务提供直接相关的人工费、材料费和折旧费等应分摊的间接费用。

（5）自行栽培、营造、繁殖或养殖的消耗性生物资产的成本，应当按照下列规定确定：①自行栽培的大田作物和蔬菜的成本，包括在收获前耗用的种子、肥料、农药等材料费、人工费和应分摊的间接费用。②自行营造的林木类消耗性生物资产的成本，包括郁闭前发生的造林费、抚育费、营林设施费、良种试验费、调查设计费和应分摊的间接费用。③自行繁殖的育肥畜的成本，包括出售前发生的饲料费、人工费和应分摊的间接费用。④水产养殖的动物和植物的成本，包括在出售或入库前耗用的苗种、饲料、肥料等材料费、人工费和应分摊的间接费用。

（6）盘盈存货的成本，应当按照同类或类似存货的市场价格确定。

（四）外购存货的计价

购入存货的实际成本一般由下列各项组成：

（1）买价。

（2）运杂费。

（3）运输途中的合理损耗。

（4）入库前的挑选整理费用。

（5）购入存货负担的税金和其他费用。

以上第（1）项应当直接计入各种存货的实际成本。第(2)、(3)、(4)、(5)项，凡能分清的，应直接计入各种存货的实际成本；不能分清的，应按存货的重量或买价等比例，合理分摊计入各种存货的实际成本。

【例2-16】碧林实业有限责任公司从外地购入A材料4 000千克、B材料6 000千克，共计支付运杂费1 000元，款项按购料重量比例分摊计入各材料采购成本。其计算公式如下：

$$分摊率=\frac{运杂费合计}{各种材料重量之和}$$

$$每千克材料分率=\frac{1000}{4000千克+6000千克}=0.10（元/千克）$$

A材料应负担运杂费=4000千克×0.10元/千克=400（元）

B材料应负担运杂费=6000千克×0.10元/千克=600（元）

为了简化核算，在存货采购过程中发生的、一般是以现金支付的采购人员的零星差旅费等，由于其金额较小，可直接作为管理费用列支，不计入存货采购成本。

（五）存货发出的计价方法

在采用按实际成本对存货计价时，由于期初的单位成本与本期内不同批次购入或生产出来的存货单位成本不相一致，因此，在确定发出（减少）的存货价值和期末存货价值时，就必须选择一定的存货计价方法，以解决发出（减少）的存货和期末存货的计价问题。

小企业应当采用月末一次加权平均法、移动平均法、先进先出法或者个别计价法确定发出存货的实际成本。计价方法一经选用，不得随意变更；如确需变更，应当在财务报表附注中说明。

对于性质和用途相似的存货，应当采用相同的存货计价方法确定发出存货的成本。

1. 月末一次加权平均法

月末一次加权平均法，是指以当月全部进货数量加上月初存货数量作为权数，去除当月全部进货成本加上月初存货成本，计算出存货的加权平均单位成本，以此为基础计算当月发出存货的成本和期末存货成本的一种方法。

其计算公式如下：

$$发出存货加权平均单价=\frac{期初结存存货金额+本期收入存货金额合计}{期初结存存货数量+本期收入存货数量合计}$$

发出存货 = 期初结存存货金额 + 本期收入存货金额合计

权平均单价 = 期初结存存货数量 + 本期收入存货数量合计

加权平均法计算发出存货成本如表 2-3 所示。

表 2-3 原材料明细账（按加权平均法计价）

金额单位：元

材料名称：甲材料　　　　　　　　　　　　　　　　　　计量单位：千克

月	日	凭证及编号	摘要	收入 数量	收入 单价	收入 金额	发出 数量	发出 单价	发出 金额	结存 数量	结存 单价	结存 金额
6	1		期初余额							800	0.90	720
	1		领用				350			450		
	4	（略）	购入	2 500	1.00	2 500				2 950		
	5		领用				650			2 300		
	9		领用									
	18		购入	400	0.95	380				2 600		
	25		领用				100			2 200		
	30		合计	2 900		2 880	1 600	0.973	1 557	2 100	0.973	2 043

$$发出存货加权平均单价=\frac{720+2880}{800+2900}=0.973\ (元/千克)$$

采用这种计价方法，由于每期发出存货的加权平均单价在期末一次计算，因而可以大大简化平时的核算工作，但月内发生存货和结存存货的单价和金额均不能及时计算、登记，只能在月末时才计算、登记一次全月发出存货的单价和发出存货的金额合计以及月末结存存货的单价和金额，平时账面不能及时反映存货的发出金额和结存金额，不利于存货的日常管理，这要影响存货核算工作的均衡性和及时性。采用加权平均法计算存货价值时，发出存货成本较为均衡，但与现价有一定差距。当市价上涨时，加权平均成本会小于现行市价；当市价下跌时，加权平均成本又会大于现行市价。

2.移动加权平均法

移动加权平均法，是指以每次进货的成本加上原有库存存货的成本，除以每次进货数量与原有库存存货的数量之和，据以计算加权平均单位成本，将其作为在下次进货前计算各次发出存货成本的依据。其计算公式如下：

$$发出存货加权平均单价=\frac{原有库存存货的成本+本次进货的成本}{原有库存存货的数量+本次进货数量}$$

用移动加权平均法计算发出存货成本如表2-4所示。

表2-4 原材料明细账（按移动加权平均法计价）

月	日	凭证及编号	摘要	收入数量	收入单价	收入金额	发出数量	发出单价	发出金额	结存数量	结存单价	结存金额
	1		期初余额							800	0.90	720
	1		领用				350	0.90	315	450	0.90	405
	4	（略）	购入	2 500	1.00	2 500				2 950	0.9847	2 905
6	5		领用				650	0.9847	640	2 300	0.9847	2 265
	9		领用				100	0.9847	99	2 200	0.9847	2 166
	18		购入	400	0.95	380				2 600	0.9792	2 546
	25		领用				500	0.9792	490	2 100	0.9792	2 056
	30		合计	2 900		2 880	1 600		1 544	2 100	0.9792	2 056

如表2-4所示的材料明细账中，6月1日领用的材料应按原结存材料的单价0.90元计价，4日购入新材料后，该日结存材料的移动加权平均单

价应为：

$$发出存货加权平均单价=\frac{720+2880}{800+2900}\approx 0.973 (元/千克)$$

5日和9日发出的材料，就应按上列单价计价；18日又购入材料之后，重新计算移动平均单价；25日发出的材料，应按新的移动平均单价计价。

采用这种计价方法，可以在发出存货时就对发出的存货计价，并登记明细账发出的存货的金额，这样可均衡核算工作。但在存货收入较为频繁的情况下，要常计算移动加权平均单价，核算的工作量较大。采用移动加权平均法计算的发出存货成本比较均衡，但与加权平均法一样，计算出来的存货价值与现行市价有一定差距，计算工作量较大。一般适用于品种简单、前后进价相差幅度大的存货。

3. 先进先出法

先进先出法是以先购入的存货应先发出（销售或耗用）这样一种存货实物流动假设为前提，对发出存货进行计价。采用这种方法，先购入的存货成本后购入存货成本之前转出，据此确定发出存货和期末存货的成本。

先进先出法的优点是期末库存存货的成本接近市价，缺点是一次发出货涉及不同批次、不同单价的，需要按两个以上不同的单价计算存货的发出成本，计价比较复杂。

先进先出法计算发出存货成本如表2-5所示。

采用这种计价方法，可以在发出存货时就进行计价，并及时登记发出存货的金额，这有利于均衡核算工作。但在存货收发业务频繁，特别是发出存货属于两批甚至几批收入的存货时，要用两个甚至几个单价计价，核算工作比较烦琐。在物价持续上涨的情况下，采用这种方法，会使发出存货的价值偏低，而结存的价值比较接近实际；在物价下跌的情况下，情况则相反。

表 2-5 原材料明细账（按先进先出计算法）

金额单位：元

月	日	凭证及编号	摘要	收入 数量	收入 单价	收入 金额	发出 数量	发出 单价	发出 金额	结存 数量	结存 单价	结存 金额
6	1		期初余辆							800	0.90	720
	1		领用				350			450		
	4	（略）	购入	500	1.00	2 500				2 950		
	5		领用				650			2 300		
	9		领用									
	18		购入	400	0.95	380				2 600		
	25		领用				100			2 200		
	30		合计	2 900		2 880	1 600	0.973	1 557	2 100	0.973	2 043

4. 个别计价法

个别计价法，亦称个别认定法、具体辨认法、分批实际法，其特征是注重所发出存货具体项目的实物流转与成本流转之间的联系，逐一辨认各批发出存货和期末存货所属的购进批别或生产批别，分别按其购入或生产时所确定的单位成本计算各批发出存货和期末存货的成本。即把每一种存货的实际成本作为计算发出存货成本和期末存货成本的基础。对于不能替代使用的存货、为特定项目专门购入或制造的存货以及提供的劳务，通常采用个别计价法确定发出存货的成本。在实际工作中，越来越多的企业采用计算机信息系统进行会计处理，个别计价法可以广泛应用于发出存货的计价，并且以个别计价法确定的存货成本最为准确。

采用个别计价法，需要在仓库中将每批收入的存货分别存放，并标明单价。

每批存货发出成本 = 该批存货发出数量 × 该批存货实际进货单价

采用个别计价法的企业，应按存货购进批次设置存货明细账，业务部门应在发货单上注明批次，仓库部门应按存货购进批次分别堆放，以便计价。

个别计价法便于逐笔结转发出存货成本，计算正确，但工作量大，适用于进货批次少，能分清批次发货的品种。采用这种方法也可以及时对发出存货计价并进行价值核算，均衡核算工作，但在一次发出包括几批不同单价的存货时，核算工作也较为复杂。

（六）存货数量的确定方法

存货核算的前提不仅是要合理选择存货的计价方法，还要正确确定存货的数量，存货数量核算的基本公式如下：

期初储存数量 = 本期收入数量 - 本期发出数量 + 期末结存数量

上述公式中，期初储存数量可根据有关账册的期初记录取得，本期收入数量也可以从有关的凭证或账册的记录中得到，本期发出数量和期末结存数量可以采用实地盘存制或永续盘存制的方法来确定。

（1）实地盘存制又称定期盘存法，它是指期末通过对各种存货进行实地盘点来确定期末存货结存数量和金额的方法。

确定本期存货发出数量的计算公式如下：

期初储存数量 = 本期收入数量 - 期末结存数量 - 本期发出数量

采用这种方法，各种存货平时不做发出记录，只做收入记录。

期末，按实物盘点数量作为期末结存数量；根据期初储存数量、本期收入数量和期末结存数量倒轧本期存货发出数量。

实地盘存制的主要缺点是，对实际库存货物的数量和金额，由于平时账面不做反映，因此不能及时提供存货的数量及其成本，这不利于存货的计划和控制；凡属未计入期末存货的货物均被视为已经售出或消耗，任何由于浪费、盗窃和自然损耗发生的损失，都隐匿在营业成本中。

（2）永续盘存制又称账面盘存法，它是指对各项存货做经常性库存记录。企业平时既记录存货的收入数量，也记录存货的发出或售出数量；期末，根据账面上的期初储存数、本期收入数、本期发出数计算出结存数量及成本。

确定期末存货数量的计算公式如下：

期初储存数量 = 本期收入数量 - 本期发出数量 - 期末结存数量

采用永续盘存制也需对存货进行实物盘点。为了核对账面记录的正确与否，确定损耗和其他损失，企业应于期末进行存货的实物盘点，发现账实不符，应查明原因，将账面记录数调整为实存数。

二、原材料的核算

原材料是指企业在生产过程中经过加工改变其形态或性质并构成产品主要实体的各种原料、主要材料和外购半成品，以及不构成产品实体但有助于产品形成的辅助材料。原材料具体包括原料及主要材料、辅助材料、外购半成品、修理用备件、包装材料、燃料等。

原材料的日常收发及结存可以采用实际成本核算，也可以采用计划成本核算。

（一）采用实际成本核算

采用实际成本核算时，材料的收发及结存，无论总分类核算还是明细分类核算，均按照实际成本计价。使用的会计科目有"原材料""在途物资"等。采用实际成本核算的方法通常适用于材料收发业务较少的企业。

"原材料"科目用于核算小企业库存各种材料的收发与结存情况。在原材料按实际成本核算时，本科目的借方登记入库材料的实际成本；贷方登记发出材料的实际成本；期末余额在借方，反映企业库存材料的实际成本。

"在途物资"科目核算小企业货款已付尚未验收入库的在途物资的采购实际成本。"在途物资"科目可按供应单位和物资品种进行明细核算。

"应付账款"科目用于核算小企业因购买材料、商品和接受劳务等经营活动应支付的款项。本科目的贷方登记小企业因购入材料、商品和接受劳务等尚未支付的款项；借方登记支付的应付账款；期末余额一般在贷方，反映企业尚未支付的应付款项。

1. 购入材料的核算

由于支付方式的不同，原材料入库的时间与付款的时间可能一致，也可能不一致，在账务处理上也有所不同。

（1）货款已经支付或开出、承兑商业汇票，同时材料已验收入库。

【例 2-17】碧林实业有限责任公司购入甲材料一批，增值税专用发票上记载的货款为 500 000 元，增值税额 85 000 元。对方代垫包装费 1 000 元。上述款项已用转账支票付讫，材料已验收入库。应进行账务处理如下：

借：原材料——甲材料　　　　　　　　　　　501 000
　　应交税费——应交增值税（进项税额）　　 85 000
　　贷：银行存款　　　　　　　　　　　　　586 000

（2）货款已经支付或已开出、承兑商业汇票，材料尚未到达或尚未验收入库。

【例 2-18】碧林实业有限责任公司从东达公司购乙材料 20 吨，每吨 600 元，计 12 000 元，专用发票上注明的增值税额为 2 040 元。根据购货合同，已开出为期 2 个月的商业承兑汇票 14 040 元。应进行账务处理如下：

借：在途物资——乙材料　　　　　　　　　　12 000

应交税费——应交增值税（进项税额）　　2 040

　　　贷：应付票据　　14 040

上项材料验收入库时，应进行账务处理如下：

　　借：原材料——乙材料　　12 000

　　　贷：在途物资——乙材料　　12 000

商业承兑汇票到期承兑时：

　　借：应付票据　　14 040

　　　贷：银行存款　　14 040

（3）货款尚未支付，材料已经验收入库。

【例2-19】碧林实业有限责任公司采用托收承付结算方式向东方购物中心购入丁材料一批，增值税专用发票上记载的货款为20 000元，增值税额为3 400元。对方代垫运输费和装卸费为300元。银行转来的结算凭证已到，款项尚未支付，材料已验收入库。应进行账务处理如下：

　　借：原材料——丁材料　　20 300

　　应交税费——应交增值税（进项税额）　　3 400

　　　贷：应付账款——东方购物中心　　23 700

【例2-20】月末，碧林实业有限责任公司购入的丙材料10吨到货并验收入库，但到月底发票尚未收到，在这种情况下，发票账单未到也无法确定实际成本，期末应按最近购入该原料实际成本每吨2 000元暂估入账。应进行账务处理如下：

　　借：原材料——丙材料　　20 000

　　　贷：应付账款——暂估应付账款　　20 000

为了使下月结算凭证在到达付款日时能按正常购料业务进行账务处理，下月初应对上项暂估入账的原料用红字转回。应进行账务处理如下：

　　借：原材料——丙材料　　20 000

贷：应付账款——暂估应付账款　　　　　　　　20 000

　　收到发票账单后再按照实际金额记账，借记"原材料""应交税费——应交增值税（进项税额）"科目，贷记"银行存款""应付票据"等科目。

　　【例 2-21】承【例 2-20】，上述购入的丙材料于次月收到发票账单，增值税专用发票上注明的价款 20 000 元，增值税税额 3 400 元，已用银行存款付讫价税款。应进行账务处理如下：

　　借：原材料——丙材料　　　　　　　　　　　　20 000
　　　　应交税费——应交增值税（进项税额）　　　 3 400
　　贷：银行存款　　　　　　　　　　　　　　　　23 400

　（4）货款已经预付，材料尚未验收入库。

　　【例 2-22】碧林实业有限责任公司为购买 B 材料向某钢厂预付 100 000 元价款的 80%，计 80 000 元，已通过汇兑方式汇出。应进行账务处理如下：

　　借：预付账款——某钢厂　　　　　　　　　　　80 000
　　贷：银行存款　　　　　　　　　　　　　　　　80 000

　　【例 2-23】承【例 2-22】，碧林实业有限责任公司收到该钢厂发来的 B 材料，已验收入库。增值税专用发票上注明该批货物的价款为 100 000 元，增值税额 17 000 元，对方代垫包装费 3 000 元，所欠款项以银行存款付讫。应进行账务处理如下：

　　材料入库时：
　　借：原材料——B 材料　　　　　　　　　　　　103 000
　　　　应交税费——应交增值税（进项税额）　　　17 000
　　贷：预付账款——某钢厂　　　　　　　　　　　120 000

　　补付货款时：
　　借：预付账款——某钢厂　　　　　　　　　　　40 000

贷：银行存款　　　　　　　　　　　　　　　　　40 000

2.发出材料的核算

小企业各生产单位及有关部门领用的材料具有种类繁多、业务频繁等特点。为了简化核算，可以在月末根据"领料单"或"限额领料单"中有关领料的单位、部门等加以归类，编制"发料凭证汇总表"，据以编制记账凭证、登记入账。发出材料实际成本的确定，可以从个别计价法、先进先出法、月末一次加权平均法、移动加权平均法等方法中选择。计价方法一经确定，不得随意变更。如需要变更，应在财务报表附注中予以说明。

【例2-24】碧林实业有限责任公司某月末根据发料凭证汇总计算，公司内部有关产品生产耗用甲材料120 000元，车间间接耗用原材料价值8 000元，企业行政管理部门耗用原材料价值1 000元。应进行账务处理如下：

借：生产成本——基本生产成本　　　　　　　　120 000
　　制造费用　　　　　　　　　　　　　　　　　8 000
　　管理费用　　　　　　　　　　　　　　　　　1 000
　贷：原材料——甲材料　　　　　　　　　　　　129 000

小企业在供应过程中如发生应向供应单位、外部运输机构等收回的材料或商品短缺或其他应冲减材料或商品采购成本的赔偿款项，应根据有关的索赔凭证，借记"应付账款"或"其他应收款"科目，贷记有关材料科目。

实际成本计价原则要求小企业对生产所耗用的原材料、燃料和动力等各项费用，都要按实际成本计价。实际成本计算是财务会计的基础性原则。

（二）采用计划成本核算材料

采用计划成本核算时，材料的收发及结存，无论总分类核算还是明细分类核算，均按照计划成本计价。使用的会计科目有"原材料""材料采购""材料成本差异"等。

"原材料"科目用于核算小企业库存各种材料的收发与结存情况。在材料采用计划成本核算时,本科目的借方登记入库材料的计划成本;贷方登记发出材料的计划成本;期末余额在借方,反映企业库存材料的计划成本。

"材料采购"科目借方登记采购材料的实际成本;贷方登记入库材料的计划成本。借方大于贷方表示超支,从"材料采购"科目贷方转入"材料成本差异"科目的借方;贷方大于借方表示节约,从"材料采购"科目的借方转入"材料成本差异"科目的贷方;期末为借方余额,反映企业在途材料的采购成本。"材料成本差异"科目反映小企业已入库各种材料的实际成本与计划成本的差异,借方登记超支差异及发出材料应负担的节约差异;贷方登记节约差异及发出材料应负担的超支差异。期末如为借方余额,反映企业库存材料的实际成本大于计划成本的差异(超支差异);如为贷方余额,反映企业库存材料实际成本小于计划成本的差异(节约差异)。

1. 购入材料的核算

(1)货款已经支付,同时材料验收入库。

【例2-25】碧林实业有限责任公司购入甲材料一批,增值税专用发票上记载的货款为3 000 000元,增值税额为510 000元。发票账单已收到,计划成本为3 200 000元,上述款项已用转账支票付讫,材料已验收入库。应进行账务处理如下:

借:材料采购——甲材料　　　　　　　　3 000 000
　　应交税费——应交增值税(进项税额)　 510 000
　贷:银行存款　　　　　　　　　　　　　3 510 000

在计划成本法下,购入的材料无论是否验收入库,都要先通过"材料采购"科目进行核算,以反映企业所购材料的实际成本,从而与"原材料"科目相比较,计算确定材料差异成本。

（2）货款已经支付，材料尚未验收入库。

【例 2-26】碧林实业有限责任公司采用汇兑结算方式购入 C 材料一批，增值税专用发票上注明的价款为 200 000 元，增值税税额为 34 000 元，发票账单已收到，计划成本为 180 000 元，材料尚未入库，款项已用银行存款支付。应进行账务处理如下：

借：材料采购——C 材料　　　　　　　　　　200 000
　　应交税费——应交增值税（进项税额）　　　34 000
　　贷：银行存款　　　　　　　　　　　　　　234 000

（3）货款尚未支付，材料已经验收入库。

【例 2-27】碧林实业有限责任公司采用商业承兑汇票结算方式购入 D 材料一批，增值税专用发票上注明的价款为 500 000 元，增值税税额为 85 000 元，发票账单已收到，计划成本为 520 000 元，材料已经验收入库。应进行账务处理如下：

借：材料采购——D 材料　　　　　　　　　　500 000
　　应交税费——应交增值税（进项税额）　　　85 000
　　贷：应付票据　　　　　　　　　　　　　　585 000

【例 2-28】碧林实业有限责任公司购入 E 材料一批，材料已经验收入库，发票账单未到，月末按计划成本为 600 000 元估计入账。应进行账务处理如下：

借：原材料——E 材料　　　　　　　　　　　600 000
　　贷：应付账款——暂估应付账款　　　　　　600 000

次月初做相反的会计分录予以冲回：

借：应付账款——暂估应付账款　　　　　　　600 000
　　贷：原材料——E 材料　　　　　　　　　　600 000

在这种情况下，对于尚未收到发票账单的收料凭证，月末应按计划成本暂估入账，次月初做相反的分录予以冲回。

企业购入验收入库的材料，按计划成本，借记"原材料"科目，贷记"材料采购"科目；按实际成本大于计划成本的差异，借记"材料成本差异"科目，贷记"材料采购"科目；实际成本小于计划成本的差异，借记"材料采购"科目，贷记"材料成本差异"科目。

【例 2-29】承【例 2-25】和【例 2-27】，碧林实业有限责任公司汇总本月已经付款或已经开出商业承兑汇票的入库材料的计划成本，并进行账务处理如下：

借：原材料——甲材料　　　　　　　　3 200 000
　　　　　——D 材料　　　　　　　　　520 000
　　贷：材料采购——甲材料　　　　　　3 200 000
　　　　　——D 材料　　　　　　　　　520 000

同时：

借：材料采购——甲材料　　　　　　　　200 000
　　　　　——D 材料　　　　　　　　　 20 000
　　贷：材料成本差异——甲材料　　　　 200 000
　　　　　——D 材料　　　　　　　　　 20 000

2. 发出材料的核算

小企业发出材料，采用计划成本计价时，根据不同的用途，借记"生产成本""制造费用""管理费用"等科目。期末再将发出材料的计划成本调整为实际成本，调整公式为：

实际成本 = 计划成本 ± 材料成本差异

在期末，根据"原材料"和"材料成本差异"科目的记录，计算出材料成本差异分配率和本期发出材料应承担的材料成本差异。有关计算公式如下：

$$材料成本差异分配率 = \frac{期初结存材料成本差异+本期收入材料成本差异}{期初结存材料计划成本+本期收入材料计划成本} \times 100\%$$

$$发出材料应承担的材料成本差异 = 本期发出材料计划成本 \times 材料成本差异分配率$$

【例2-30】碧林实业有限责任公司采用计划成本法，6月份A材料收、发、存情况如下：

（1）原材料期初余额为5 800元，"材料成本差异"科目期初贷方余额为212元，原材料计划单位成本为5.20元。

（2）6月5日和19日购入材料的数量分别是1 500千克和2 000千克；实际购货成本分别为7 600元和10 332元。

（3）本月发出材料1 600千克用于生产产品。应做账务处理如下：

借：生产成本　　　　　　　　　　　　　　8 320
　　贷：原材料——A材料　　　　　　　　　　8 320

$$材料成本差异分配率 = \frac{-212+(7600-1500\times5.20)+(10332-2000\times5.20)}{5800+1500\times5.20+2000\times5.20} = -2\%$$

本月耗用材料应承担的材料成本差异（-2%）×8 320= -166.40（元）

借：材料成本差异　　　　　　　　　　　　166.40
　　贷：生产成本　　　　　　　　　　　　　　166.40

三、周转材料核算

周转材料，是指小企业能够多次使用、逐渐转移其价值但仍保持原有形态且不确认为固定资产的材料，包括包装物、低值易耗品、小企业（建筑业）的钢模板、木模板、脚手架等。但各种包装材料，如纸、绳、铁丝、铁皮等，应在"原材料"科目内核算；用于储存和保管产品、材料而不对外出售的包装物，应按照价值大小和使用年限长短，分别在"固定资产"科目或"周转材料"科目进行核算。小企业的包装物、低值易耗品，也可以单独设置"1412 包装物""1413 低值易耗品"科目。包装物数量不多的小企业，也可以不设置"周转材料"科目，将包装物并入"原材料"科目核算。

（一）包装物核算

包装物是指为了包装本企业商品而储备的各种包装容器，如桶、箱、瓶、坛、袋等。包括生产过程中用于包装产品作为产品组成部分的包装物；随同商品出售而不单独计价的包装物；随同商品出售而单独计价的包装物；出租或出借给购买单位使用的包装物等。

为了反映和监督包装物的增减变动及其结存情况，小企业应当设置"周转材料——包装物"科目。"包装物"科目核算小企业包装物的实际成本，并可按包装物的种类进行明细核算。

（1）小企业购入、自制验收入库的包装物以及对包装物的清查盘点，比照"原材料"科目的相关规定进行处理。

（2）小企业生产领用包装物，按照其成本，借记"生产成本"等科目，贷记"周转材料——包装物"科目。

（3）随同产品出售但不单独计价的包装物，按照其成本，借记"销售费用"科目，贷记"周转材料——包装物"科目。

（4）随同产品出售并单独计价的包装物，按照其成本，借记"其他业务成本"科目，贷记"周转材料——包装物"科目。

（5）"周转材料——包装物"科目的期末余额，反映库存未用包装物的实际成本。

【例 2-31】碧林实业有限责任公司一次购入包装物 2 000 件，每件 2 元，合计 4 000 元，企业以支票付讫，已验收入库。应进行账务处理如下：

借：包装物	4 000
贷：银行存款	4 000

【例2-32】碧林实业有限责任公司生产领用包装物一批，其实际成本为2 000元。应进行账务处理如下：

借：制造费用	2 000
贷：包装物	2 000

【例2-33】碧林实业有限责任公司销售产品时包装用纸箱100个，单位实际成本90元，随产品一同出售，不单独计价，共收取货款510 000元，增值税86 700元。应进行账务处理如下：

借：银行存款	596 700
贷：主营业务收入	510 000
应交税费——应交增值税	86 700

结转包装用纸箱成本：

借：销售费用	9 000
贷：包装物	9 000

【例2-34】假如碧林实业有限责任公司有包装用纸箱100个，单位实际成本为90元，售价100元，随产品一同出售，单独计价。产品售价为500 000元。已开出增值税专用发票，共计价款510 000元，增值税额86 700元。款项已经收到。应进行账务处理如下：

借：银行存款	596 700
贷：主营业务收入	500 000
其他业务收入	10 000
应交税费——应交增值税	86 700

结转包装用纸箱成本：

借：其他业务成本	9 000

贷：包装物　　　　　　　　　　　　　　　　　　　　9 000

（二）低值易耗品核算

　　低值易耗品是指不能作为固定资产的各种用具物品，如工具、管理用具、玻璃器皿以及在经营过程中周转使用的包装容器等。由于其价值低、品种多、数量大、易损耗、更换频繁，为了便于核算和管理，一般将低值易耗品视同存货进行实物管理。低值易耗品一般划分为一般工具、专用工具、替换设备、管理用具、劳动保护用品、其他用具等。

　　为了反映和监督低值易耗品的增减变化及其结存情况，小企业应当设置"周转材料——低值易耗品"科目。"周转材料——低值易耗品"科目核算小企业低值易耗品的实际成本，并可按低值易耗品的种类进行明细核算。

　　（1）小企业购入、自制、委托外单位加工完成并已验收入库的低值易耗品的实际成本构成以及低值易耗品的清查盘点，比照"原材料"科目的相关规定进行核算。

　　（2）小企业领用的低值易耗品，一般采用一次转销法核算，在领用时按照成本将其全部价值借记"管理费用""生产成本""销售费用"等科目，贷记"周转材料——低值易耗品"科目。领用低值易耗品时，应填制"领用单"办理领用手续，交财会部门据以入账。

　　（3）"周转材料——低值易耗品"科目期末借方余额，反映小企业在库低值易耗品的实际成本。

　　【例2-35】碧林实业有限责任公司一次购入专用工具10件，每件240元，合计2 400元，企业以支票付讫，工具已验收入库。应进行账务处理如下：

　　　　借：周转材料——低值易耗品　　　　　　　　2 400
　　　　　　贷：银行存款　　　　　　　　　　　　　　　2 400

【例2-36】碧林实业有限责任公司第一车间领用工具一批，其实际成本为1 200元，一次摊销计入成本。应进行账务处理如下：

借：制造费用　　　　　　　　　　　　　　　　1 200
　　贷：周转材料——低值易耗品　　　　　　　　1 200

低值易耗品在使用过程中由于磨损而丧失使用价值时，应按规定办理报废手续，残料也可估价出售。

四、库存商品核算

为了反映和监督库存商品的增减变化及其结存情况，小企业应当设置"库存商品"科目。"库存商品"科目核算小企业库存商品的实际成本，包括库存产成品、外购商品、存放在门市部准备出售的商品、发出展览的商品以及寄存在外的商品等，并可按库存商品的种类、品种和规格等进行明细核算。

接受来料加工制造的代制品和为外单位加工修理的代修品，在制造和修理完成验收入库后，视同小企业的产成品，也通过"库存商品"科目进行核算。

可以降价出售的不合格品，也在"库存商品"科目核算，但应与合格产品分开记账。

已经完成销售手续，但购买单位在月末未提取的库存产成品，应作为代管产品处理，单独设置代管产品备查簿，不再在"库存商品"科目核算。

小企业（农业）可将"库存商品"科目改为"1405农产品"科目。

（1）小企业生产的产成品的入库和出库，平时只记数量不记金额，月末计算入库产成品的实际成本。生产完成验收入库的产成品，按其实际成本，借记"库存商品"科目，贷记"生产成本"等科目。

对外销售产成品，借记"主营业务成本"科目，贷记"库存商品"科目。

（2）购入商品到达验收入库后，按照商品进价，借记"库存商品"科目，贷记"库存现金""银行存款""在途物资"等科目。

对外销售商品结转销售成本，借记"主营业务成本"科目，贷记"库存商品"科目。

（3）"库存商品"科目期末借方余额，反映小企业库存商品的实际成本（或进价）。"库存商品"科目用以核算小企业库存各种商品的实际成本，包括库存的外购商品、自制商品等。

小企业接受外来原材料加工制造的代制品和为外单位加工修理的代修品，在制造和修理完成验收入库后，视同本企业的产品，在"库存商品"科目核算。

委托外单位加工的商品及委托其他单位代销的商品，不在"库存商品"科目核算。

小企业"库存商品"的核算可以分为以下两种情况：从事工业生产的小企业库存商品的核算和从事商品流通的小企业库存商品的核算。本教材只介绍从事工业生产的小企业库存商品的核算。

从事工业生产的小企业，其库存商品主要指产成品。产成品是指已经完成全部生产过程并已验收入库符合标准规格和技术条件，可以作为商品对外销售的产品。企业接受外来原材料加工制造的代制品和为外单位加工修理的代修品，制造和修理完成验收入库后，视同本企业的产成品，所发生的支出，也在"库存商品"科目核算。

小企业生产完成验收入库的产成品，按实际成本，借记"库存商品"科目，贷记"生产成本"等科目；在销售产成品并结转成本时，应借记"主营业务成本"科目，贷记"库存商品"科目。

【例2-37】碧林实业有限责任公司根据"产品入库汇总表"记载，本月已验收入库 A 产品 200 件，实际单位成本 400 元，计 80 000 元；B

产品 400 件，实际单位成本 300 元，计 120 000 元。应进行账务处理如下：

  借：库存商品——A 产品   80 000

    库存商品——B 产品   120 000

    贷：生产成本——基本生产成本（A 产品） 80 000

      生产成本——基本生产成本（B 产品） 120 000

【例 2-38】碧林实业有限责任公司月末汇总的发出产品中，当月已实现销售的 A 产品有 100 件，B 产品有 200 件；该月 A 产品实际单位成本 400 元，B 产品实际单位成本 300 元。在结转其销售成本时，应进行账务处理如下：

  借：主营业务成本   100 000

    贷：库存商品——A 产品   40 000

      库存商品——B 产品   60 000

六、存货清查

存货清查是指通过对存货的实地盘点，确定存货的实有数量，并将其与账面资料核对，从而确定存货实存数与账面数是否相符的一种专门方法。

由于存货种类繁多、收发频繁，在日常收发过程中可能发生计量错误、计算错误、自然损耗等情况，造成账实不符，形成存货的盘盈或盘亏。对于存货的盘盈、盘亏，应及时填写有关存货盘点报告单（见表 2-6），于期末前查明原因，并根据企业的管理权限，经股东大会或董事会，或经理会议或类似机构批准后，在期末结账前处理完毕。如在期末结账前尚未经批准的，应在对外提供财务报告时先进行处理，并在财务报表附注中做出说明。如果其后批准处理的金额与已处理的金额不一致，应按其差额进行调整。

为了反映和监督待处理财产损溢的增减变化及其结存情况，小企业应当设置"待处理财产损溢"科目。"待处理财产损溢"科目核算小企业在清查财产过程中查明的各种财产盘盈、盘亏和毁损的价值。物资在运输途中发生的非正常短缺与损耗，也通过该科目核算。

表2-6 存货盘点报告表

存货编号	存货名称规格	计量单位	数量 账存	数量 实存	单价	盘盈 数量	盘盈 金额	盘亏 数量	盘亏 金额	原因

"待处理财产损溢"科目可按待处理流动资产损溢和待处理固定资产损溢分别进行明细核算。

1. 盘盈的核算

发现盘盈时：盘盈各种材料、产成品、商品等，应当按照同类或类似存货的市场价格借记"原材料""库存商品"等科目，贷记"待处理财产损溢——待处理流动资产损溢"科目。

批准核销后：盘盈的各种材料、产成品、商品等，借记"待处理财产损溢——待处理流动资产损溢"科目，贷记"营业外收入"科目。

2. 盘亏、毁损的核算

发现盘亏、毁损时：盘亏、毁损的各种材料、产成品、商品等，借记"待处理财产损溢——待处理流动资产损溢"科目，贷记"原材料""库存商品"等科目。

批准核销后：盘亏、毁损的各项资产，按照残料价值，借记"原材料"等科目；按照可收回的保险赔偿或过失人赔偿，借记"其他应收款"科目；按照"待处理财产损溢"科目余额，贷记"待处理财产损溢——待处理流动资产损溢"科目；按照其借方差额，借记"营业外支出"科目。

3. 小企业的财产损溢

小企业的财产损溢，应查明原因，在期（年）末结账前处理完毕，处理后"待处理财产损溢"科目应无余额。

【例2-39】碧林实业有限责任公司年底进行财务清查，发现盘盈D材料100千克。小企业清查盘点中发现的库存商品盘盈，应按该商品的市价或同类、类似商品的市场价格作为实际成本。经查明是由于收发计量上的错误所造成的，按成本30元/千克入账。应进行账务处理如下：

借：原材料　　　　　　　　　　　　　　　3 000
　　贷：待处理财产损溢——待处理流动资产损溢　3 000
借：待处理财产损溢——待处理流动资产损溢　3 000
　　贷：营业外收入　　　　　　　　　　　　　3 000

【例2-40】碧林实业有限责任公司为一般纳税人，年末盘亏丁产成品4件，每件单位实际成本250元。在产成品中，外购材料比率为70%，经查明，属于自然灾害造成的直接经济损失，保险公司同意赔偿80%。发现的库存商品盘亏，其相应的成本及不可抵扣的增值税进项税额，在减去过失人或者保险公司等赔款和残料价值之后，属于自然灾害等原因造成的非常损失的，应当计入营业外支出。盘亏时，调整存货账的实存数；经审核批准后，做核销处理。应进行账务处理如下：

借：待处理财产损溢——待处理流动资产损溢　223.80
　　其他应收款　　　　　　　　　　　　　　895.20
　　贷：库存商品——丁产品　　　　　　　　　1 000.00
　　　　应交税费——应交增值税（进项税额转出）　119.00（转出的进项税额=1 000×70%×17%=119元）
借：营业外支出　　　　　　　　　　　　　　223.80
　　贷：待处理财产损溢——待处理流动资产损溢　223.80

第三章 非流动资产

第一节 长期投资核算

一、长期债券投资核算

（一）长期债券投资核算内容

长期债券投资是指小企业购入的在1年内（不含1年）不能变现或不准备随时变现的债券投资。

为了总括地反映长期债券投资增减变动的经济业务，小企业应设置"长期债券投资"科目。该科目属于资产类科目，用以核算小企业购入的在1年内（不含1年）不能变现或不准备随时变现的债券投资。"长期债券投资"科目可按债券种类和被投资单位进行明细核算。"长期债券投资"科目期末借方余额，反映小企业持有长期债券投资的成本或到期一次还本付息债券的本息。

1. 长期债券投资的取得

长期债券投资应当按照实际支付的购买价款作为成本进行计量。

小企业在以购买债券的形式进行对外长期投资时，其购买债券的价格有三种情况：一是按债券面值购入；二是按高于债券面值即溢价购入；三是按低于债券面值即折价购入。

按面值购入是指所购入的债券等于其票面所确定的价格，这时债券的票面利率与资金市场的利率相一致。

溢价购入是指以高于债券的面值价格购入债券，这是由于购入债券票面的利率高于当时资金市场实际利率的缘故所造成的。

折价购入是指以低于债券的面值价格购入债券，这是由于购入债券票面的利率低于当时资金市场的实际利率的缘故所造成的。

不管是以债券面值购入，还是以溢价购入或以折价购入，小企业购入债券作为长期投资，应当按照实际支付的购买价款，借记"长期债券投资"科目，贷记"银行存款"科目。

实际支付价款中包含的已到付息期但尚未领取的债券利息，应当单独确认为应收利息，不计入长期债券投资的成本。即如果实际支付的价款中包含已到付息期但尚未领取的债券利息，应当按照实际支付的价款扣除应收的债券利息，借记"长期债券投资"科目；按照应收的利息，借记"应收利息"科目；按照实际支付的价款，贷记"银行存款"科目。

2.持有期间的核算

长期债券投资在持有期间，按月计算的应收利息应当确认为投资收益。应当注意区分分期付息、一次还本的债券投资和一次还本付息的债券投资的核算异同。

（1）分期付息、一次还本的长期债券投资，按月计算的应收未收利息应当确认为应收利息，不增加长期债券投资的账面余额，借记"应收利息"科目，贷记"投资收益"科目。

（2）一次还本付息的长期债券投资，一次还本付息债券是指在债务期间不支付利息，只在债券到期后按规定的利率一次性向持有者支付利息并还本的债券。这种债券的付息频率一般为一年一次。

小企业可以在"长期债权投资"科目下设置面值和应计利息明细账,对一次还本付息的长期债券投资进行明细核算。

月度终了,小企业应当按照一次还本付息的长期债券投资票面利率计算的利息收入,借记"长期债券投资"科目(应计利息),贷记"投资收益"科目。

3.长期债券投资的处置

小企业处置长期债券投资实际取得价款与其账面余额之间的差额,应当计入投资收益,即应当按照实际取得的价款或收回的债券本金(或本息),借记"银行存款"等科目,贷记"长期债券投资"科目;按应收未收的利息,贷记"应收利息"科目;按照其差额,贷记或借记"投资收益"科目。

(二)应收利息核算内容

为了总括地反映应收利息增减变动的经济业务,小企业应设置"应收利息"科目。该科目属资产类科目,用以核算小企业债券投资应收取的利息。"应收利息"科目可按被投资单位进行明细核算。"应收利息"科目期末借方余额,反映小企业尚未收到的债券利息。

(1)小企业购入债券,如果实际支付的价款中包含已到付息期但尚未领取的债券利息,应当按照实际支付的价款扣除应收的债券利息,借记"短期投资"或"长期债券投资"科目;按照应收的利息,借记"应收利息"科目;按照实际支付的价款,贷记"银行存款"科目。

(2)小企业在持有长期债券投资期间,月度终了,按照分期付息、一次还本债券投资的票面利率计算的利息收入,借记"应收利息"科目,贷记"投资收益"科目;按照一次还本付息债券投资的票面利率计算的利息收入,借记"长期债券投资——应计利息"科目,贷记"投资收益"科目。

(3)小企业实际收到债券利息,借记"银行存款"科目,贷记"应收利息"科目。

（三）长期债券投资核算举例

【例 3-1】某公司发生有关长期债券投资业务如下：

（1）某公司购入 A 公司面值为 40 000 元的债券，内含应计利息 1 000 元；实际支付价款 41 000 元。应进行账务处理如下：

借：长期债券投资——A 公司债券	40 000
应收利息	1 000
贷：银行存款	41 000

（2）该债券为 3 年期，每半年付息一次，年利率为 8%，现计算第一期应计利息为 1 600 元（40 000×8%÷2）。由于购入时已含应计利息 1 000 元，故本期实际应计投资收益为 600 元。应进行账务处理如下：

借：应收利息	600
贷：投资收益——债券投资收益	600

（3）收到第一期应计利息 1 600 元，如数存入银行。应进行账务处理如下：

借：银行存款	1 600
贷：应收利息	1 600

【例 3-2】M 企业于 2015 年 9 月 1 日购入长城公司该年度 1 月 1 日发行的 3 年期债券 200 000 元，年利率为 12%，债券采取分期付息、到期还本方式发行。M 企业实际支付价款 217 000 元，其中应计利息 16 000 元，有关税费 1 000 元。

购入时，应进行账务处理如下：

借：长期债权投资	201 000
应收利息（200 000×12%×8÷12）	16 000
贷：银行存款	217 000

2015 年年末，应进行账务处理如下：

借：应收利息　　　　　　　　　　　　　　24 000
　　贷：投资收益　　　　　　　　　　　　　　8 000
　　　　应收利息　　　　　　　　　　　　　16 000

2017年、2017年年末，应进行账务处理如下：

借：应收利息　　　　　　　　　　　　　　24 000
　　贷：投资收益　　　　　　　　　　　　　24 000

若上例债券为到期一次还本付息的，则购入债券时，应进行账务处理如下：

借：长期债券投资——长城债券　　　　　201 000
　　长期债券投资——应计利息　　　　　 16 000
　　贷：银行存款　　　　　　　　　　　　217 000

第3年年末一次还本付息时，应进行账务处理如下：

借：银行存款　　　　　　　　　　　　　272 000
　　贷：投资收益　　　　　　　　　　　　55 000
　　　　长期债券投资——应计利息　　　 16 000
　　　　长期债券投资——长城债券　　　201 000

二、长期股权投资核算

（一）长期股权投资核算内容

小企业的长期股权投资是指准备长期持有（通常在1年以上）的权益性投资。

为了总括地反映企业长期股权投资增减变动的经济业务，小企业应设置"长期股权投资"科目。该科目属于资产类科目，用以核算小企业准备长期持有（通常在1年以上）的权益性投资。"长期股权投资"科目可按被投资单位进行明细核算。"长期股权投资"科目期末借方余额，反映小企业持有的长期股权投资的成本。

1. 长期股权投资的取得

小企业长期股权投资应当按照投资成本进行初始计量。

（1）以支付现金取得的长期股权投资，应当按照实际支付的购买价款作为成本进行计量。

实际支付价款中包含的已宣告但尚未发放的现金股利，应当单独确认为应收股利，不计入长期股权投资的成本。如果实际支付的价款中包含已宣告但尚未发放的现金股利，应当单独确认为应收股利，不计入长期股权投资的成本，即应当按照实际支付的全部价款扣除已宣告但尚未发放的现金股利，借记"长期股权投资"科目；按照应收的现金股利，借记"应收股利"科目；按实际支付的全部价款，贷记"银行存款"科目。

（2）以非货币性资产交换取得的长期股权投资，应当按照所换出的非货币性资产的评估价值和相关税费之和作为长期股权投资的成本，借记"长期股权投资"科目，贷记"固定资产""无形资产""应交税费""固定资产清理"等科目。

2. 长期股权投资持有期间的核算

《小企业会计准则》要求对被投资单位的投资都采用成本法核算。成本法是指长期股权投资所反映的原始投入的成本数，即投出时实际支付的成本价。投资价值入账后，除实际增减投资外，一般不调整账面值。至于被投资企业在经营期内的净资产是否增值，以及企业长期投资是否所获得股利，都不在长期股权投资账面价值中反映。

小企业在长期股权投资持有期间，按照被投资单位宣告发放的现金股利或利润中属于本企业的部分，即应当按照应分得的金额确认为投资收益。借记"应收股利"科目，贷记"投资收益"科目。

3.长期股权投资的处置

处置长期股权投资,实际取得的价款与其成本之间的差额,应当计入投资收益,即按照实际收到的价款,借记"银行存款"等科目;按照其账面余额,贷记"长期股权投资"科目;按照其差额,贷记或借记"投资收益"科目。

(二)长期股权投资核算举例

【例3-3】A公司第1年年初根据投资协议,以银行存款投资乙公司1 500 000元,拥有乙公司15%的股份。应进行账务处理如下:

借:长期股权投资——乙公司　　　　　1 500 000
　　贷:银行存款　　　　　　　　　　　　　　　1 500 000

第2年,该公司收到乙公司分派的股利30 000元。应进行账务处理如下:

借:银行存款　　　　　　　　　　　　30 000
　　贷:投资收益　　　　　　　　　　　　　　　30 000

(三)长期股权投资损失

根据《小企业会计准则》的规定,长期股权投资损失应当于实际发生时计入营业外支出,同时冲减长期股权投资账面余额。

确认实际发生的长期股权投资损失,应当按照可收回的金额,借记"银行存款"等科目,贷记"长期股权投资"科目;按照其差额,借记"营业外支出"科目。

第二节　固定资产核算

一、固定资产概述

（一）固定资产的概念与分类

固定资产是指小企业为生产商品、提供劳务、出租或经营管理而持有的，使用寿命超过一个会计年度的有形资产。

固定资产是小企业重要的生产资料。从实物形态来看，固定资产具有使用年限较长，能多次参加生产经营过程而不改变其实物形态的特点；从价值形态来看，固定资产的价值是随着实物的损耗程度，逐渐地、部分地（而不是一次地、全部地）转移到产品成本和有关费用中去，构成成本或费用的一个组成部分。

小企业的固定资产包括：房屋、建筑物、机器、机械、运输工具以及其他与生产经营有关的设备、器具、工具等。为了便于固定资产的管理与核算，有必要对企业的固定资产进行合理分类。固定资产一般可按照经济性质和用途结合起来进行分类，将固定资产分为生产经营用固定资产、非生产经营用固定资产、租出固定资产、未使用固定资产、不需用固定资产、融资租赁固定资产、土地等类别。

小企业应当根据固定资产的定义，结合本企业的具体情况，制定适合本企业的固定资产目录、分类方法、每类或每项固定资产的折旧年限、折旧方法和预计净残值，作为进行固定资产核算的依据。

（二）固定资产计量

固定资产应当按照实际成本进行计量。

（1）外购固定资产的成本，包括购买价款、相关税费以及相关的运输费、装卸费、安装费等，但不包括按照税法规定可以抵扣的增值税额。

以一笔款项购入多项没有单独标价的固定资产，应当按照各项固定资产市场价格或类似资产的市场价格比例对总成本进行分配，分别确定各项固定资产的成本。

（2）自行建造固定资产的成本，应当按照建造该项资产在竣工决算前发生的支出确定，包括应负担的借款利息。

小企业在建工程在试运转过程中所取得的收入直接计入主营业务收入、其他业务收入或营业外收入，不冲减在建工程成本。

（3）投资者投入固定资产的成本，应当按照投资合同或协议约定的价值确定。

（4）盘盈固定资产的成本，应当按照同类或者类似固定资产的市场价格，扣除按照该项固定资产新旧程度估计的折旧后的余额确定。

（三）固定资产计价方法

固定资产的核算既要按其实物量加以计算，又要按其货币计量单位进行计算。以货币计量单位计算固定资产的价值，被称为固定资产的计价。按照固定资产的计价原则，对固定资产进行正确的货币计价，是做好固定资产核算、真实反映企业财产和正确计提固定资产折旧的重要依据。

固定资产的计价一般采用原始价值、净值两种计价方法。

一是按原始价值计价。原始价值亦称历史成本或原始购置成本，是指企业购建某项固定资产达到可使用状态前所发生的一切合理、必要的支出。企业新购建固定资产的计价、确定计提折旧的依据等均采用这种计价标准，它是固定资产的基本计价标准。这种方法的主要优点是，原始价值具有客观性和可验证性，即固定资产的价值均是实际发生并有支付凭据的支出。

二是按净值计价。固定资产净值亦称折余价值，是指固定资产原始价值减去已提折旧后的净额。它可以反映企业实际占用在固定资产上的资金数额和固定资产的新旧程度。这种计价标准主要用于确定盘盈、盘亏、毁损固定资产的溢余或损失等。

（四）固定资产核算应当设置的会计科目

为了分类核算企业现有固定资产的原价、已提折旧额以及净值，全面反映企业固定资产增减变动状况，需要设置"固定资产""累计折旧""在建工程""固定资产清理"等主要科目。

1."固定资产"科目

"固定资产"属于资产类科目，用于核算小企业固定资产的原价。本科目借方登记小企业增加的固定资产的原价；贷方登记小企业减少的固定资产原价；期末借方余额，反映小企业期末固定资产的账面原价。小企业应当设置"固定资产登记簿"和"固定资产卡片"，按固定资产类别、使用部门和每项固定资产进行明细核算。

做到"固定资产"的总分类账、明细分类账、分类账、固定资产登记簿和固定资产卡片"四相符"。

小企业临时租入的固定资产，应另设备查簿进行登记，不在本科目核算。

2."累计折旧"科目

"累计折旧"科目属于固定资产的调整科目，用于核算小企业固定资产的累计折旧。本科目贷方登记小企业计提的固定资产折旧；借方登记处置固定资产转出的累计折旧；期末贷方余额，反映企业固定资产的累计折旧额。它一般只进行总分类核算，不进行明细核算。需要查明某项固定资产的已提折旧，可以根据固定资产卡片上所记载的该项固定资产原价、折旧率和实际使用年数等资料进行计算。

3."在建工程"科目

"在建工程"科目核算小企业基建、更新改造等在建工程发生的支出。本科目借方登记小企业各项在建工程的实际支出；贷方登记完工工程转出的成本；期末借方余额反映企业尚未达到预定可使用状态的在建工程的成本。"在建工程"科目可按在建工程项目进行明细核算，如可以设置安装工程、新建工程、改扩建工程等明细科目进行明细核算。

小企业购入不需要安装的固定资产，不通过"在建工程"科目核算。

小企业购入为工程准备的物资，在"工程物资"科目进行核算，不在"在建工程"科目核算。

4."固定资产清理"科目

"固定资产清理"属于资产类暂记科目，用于核算小企业因出售、转让、报废、毁损等原因转出的固定资产净值以及在清理过程中发生的费用等。本科目借方登记转出的固定资产账面价值、清理过程中应支付的相关税费及其他费用；贷方登记固定资产清理完成的处理；期末如为借方余额，反映小企业尚未清理完毕的固定资产清理净损失，期末如为贷方余额，则反映小企业尚未清理完毕的固定资产清理净收益。"固定资产清理"科目应按被清理的固定资产设置明细账，进行明细分类核算。

二、固定资产的取得

小企业取得的固定资产应按成本进行初始计量，具体要求是按照以下不同取得方式取得固定资产时所发生的实际成本计量。

（一）外购的固定资产

小企业外购的固定资产的成本包括：购买价款、相关税费、运输费、装卸费、保险费、安装费等，但不含按照税法规定可以抵扣的增值税进项税额。

1. 外购不需安装的固定资产

【例3-4】碧林实业有限责任公司购买新设备一台，价款400 000元，增值税额68 000元，取得增值税专用发票。价税款项均已用银行存款付清，并验收交付生产使用。应进行账务处理如下：

借：固定资产　　　　　　　　　　　　　　400 000
　　应交税费——应交增值税（进项税额）　　68 000
　　贷：银行存款　　　　　　　　　　　　　　468 000

2. 外购需要安装的固定资产

小企业购入需要安装的固定资产，应在购入固定资产取得成本的基础上加上安装调试成本，作为购入固定资产的成本，先通过"在建工程"科目核算，待安装完毕达到预定可使用状态时，再由"在建工程"科目转入"固定资产"科目。

【例3-5】碧林实业有限责任公司发生需要安装的固定资产业务如下：

（1）购入需要安装的旧机床一台，原价120 000元，取得普通发票。按购买实际支付的价款入账，并交付安装。应进行账务处理如下：

借：在建工程——安装工程　　　　　　　　120 000
　　贷：银行存款　　　　　　　　　　　　　　120 000

（2）在支付安装费1 500元和结转安装工人工资500元时，应进行账务处理如下：

借：在建工程——安装工程　　　　　　　　2 000
　　贷：银行存款　　　　　　　　　　　　　　1 500
　　　　应付职工薪酬　　　　　　　　　　　　500

（3）旧机床安装完毕、交付使用时，应进行账务处理如下：

借：固定资产　　　　　　　　　　　　　　140 000

贷：在建工程——安装工程　　　　　　　　140 000

（二）自行建造的固定资产

　　自行建造的固定资产成本，由建造该项资产在竣工决算前发生的支出（含相关的借款费用）构成。企业自行建造固定资产，可采用两种方式：自营建造在建工程和出包在建工程。

　　1. 自营建造在建工程

　　【例3-6】碧林实业有限责任公司以自营方式新建造一条生产流水线，首先要准备材料，然后自营施工，其核算程序及账务处理如下：

　　（1）购入流水线专用材料，取得的增值税专用发票上注明价款200 000元，增值税额34 000元，价税款已用银行存款支付。应进行账务处理如下：

　　借：工程物资　　　　　　　　　　　　　　200 000
　　　　应交税费——应交增值税（进项税额）　　34 000
　　　　贷：银行存款　　　　　　　　　　　　　234 000

　　（2）自营工程领用专用材料180 000元。应进行账务处理如下：

　　借：在建工程——新建工程　　　　　　　　180 000
　　　　贷：工程物资　　　　　　　　　　　　　180 000

　　（3）结转应计入自营工程的生产工人工资为2 000元。应进行账务处理如下：

　　借：在建工程——新建工程　　　　　　　　　2 000
　　　　贷：应付职工薪酬　　　　　　　　　　　　2 000

　　（4）结转辅助生产车间提供运输费3 000元、水电费4 000元，合计7 000元。应进行账务处理如下：

　　借：在建工程——新建工程　　　　　　　　　7 000
　　　　贷：生产成本——辅助生产成本　　　　　　7 000

（5）该工程完工后，经验收合格交付使用，按实际成本转入固定资产。自行建造固定资产的成本，应当按照建造该项资产在竣工决算前发生的支出确定。应进行账务处理如下：

借：固定资产　　　　　　　　　　　　189 000
　　贷：在建工程——新建工程　　　　　　　　189 000

2. 出包在建工程

【例3-7】碧林实业有限责任公司建造一幢楼房，出包给某建筑企业，工程总造价为1 600 000元。

（1）根据出包合同，预付工程总造价的60%，其余价款工程完工验收合格后付清。

借：预付账款　　　　　　　　　　　　960 000
　　贷：银行存款　　　　　　　　　　　　　　960 000

（2）工程完工，办理工程价款结算。

借：在建工程　　　　　　　　　　　　1 600 000
　　贷：预付账款　　　　　　　　　　　　　　960 000
　　　　银行存款　　　　　　　　　　　　　　640 000

（3）工程验收合格交付使用，结转在建工程成本。

借：固定资产　　　　　　　　　　　　1 600 000
　　贷：在建工程　　　　　　　　　　　　　　1 600 000

（三）盘盈的固定资产

小企业盘盈的固定资产的成本，应当按照同类或者类似固定资产的市场价格或评估价值，扣除按照该项固定资产新旧程度估计的折旧后的余额确定。

【例3-8】碧林实业有限责任公司盘盈一项固定资产，类似全新固定资产的市场价格为5 000元，应按照扣除该项固定资产新旧程度估计的折旧 2 000 元后的余额确定其入账价值。应进行账务处理如下：

  借：固定资产   3 000

    贷：待处理财产损溢——待处理固定资产损溢 3 000

  借：待处理财产损溢——待处理固定资产损溢 3 000

    贷：营业外收入   3 000

（四）投资者投入的固定资产

  小企业接受投资者投入的固定资产的成本，应当按照评估价值和相关税费进行确定。

  【例 3-9】甲、乙两企业合作经营，甲企业投入厂房一幢，账面价值为 7 800 000 元，按新旧程度作价 5 000 000 元投资，双方同意并签订投资协议。投资者投入固定资产的成本，应当按照投资合同或协议约定的价值确定。合作经营企业应进行账务处理如下：

  借：固定资产   5 000 000

    贷：实收资本——甲企业   5 000 000

（五）接受捐赠的固定资产

  【例 3-10】某企业接受外商捐赠的电子仪器一台，根据类似资产的市价估计该设备的价值为确认价值为 50 000 元，已交生产使用。

  借：固定资产   50 000

    贷：营业外收入   50 000

三、固定资产的减少

  小企业在生产经营过程中，可能将不适用或不需用的固定资产对外出售转让，或因磨损、技术进步等原因对固定资产进行报废，或因自然灾害而对毁损的固定资产进行处理，这些情况都会造成小企业固定资产的减少。

（一）固定资产对外投资

【例 3-11】碧林实业有限责任公司向 DD 公司投资设备一套，账面原值为 1 000 000 元，该设备已提折旧 400 000 元。投资双方经评定估算按固定资产的净值作价。假定没有发生相关税费，应进行账务处理如下：

借：长期股权投资　　　　　　　　　　　600 000
　　累计折旧　　　　　　　　　　　　　400 000
　　贷：固定资产　　　　　　　　　　　　　　1 000 000

（二）固定资产出售

【例 3-12】碧林实业有限责任公司出售不用的闲置设备一台，原价 40 000 元，已计提折旧 28 000 元，售价 13 000 元存入银行。另发生拆卸费 500 元，以现金支付。

（1）在转销已出售的固定资产的价值时，应进行账务处理如下：

借：固定资产清理　　　　　　　　　　　12 000
　　累计折旧　　　　　　　　　　　　　28 000
　　贷：固定资产——不需用固定资产　　　　　40 000

（2）在收到 13 000 元款项存入银行时，应进行账务处理如下：

借：银行存款　　　　　　　　　　　　　13 000
　　贷：固定资产清理　　　　　　　　　　　　13 000

（3）在支付拆卸费用 500 元时，应进行账务处理如下：

借：固定资产清理　　　　　　　　　　　500
　　贷：库存现金　　　　　　　　　　　　　　500

（4）结转清理固定资产净收益 500 元（13 000-12 000-500）。小企业出售、转让、报废固定资产或发生固定资产毁损，应当将处置收入扣除固定资产账面价值和相关税费后的净额计入营业外收入或营业外支出。应进行账务处理如下：

借：固定资产清理　　　　　　　　　　　　　　500

　　贷：营业外支出　　　　　　　　　　　　　500

（三）固定资产报废

【例3-13】碧林实业有限责任公司经批准报废一台不需用设备，原价200 000元，在报废清理时已计提折旧额170 000元。在设备拆除时，结转应付机修车间工人的工资2 000元，以银行存款支付其他费用1 000元。设备拆除后的钢材等作价出售的7 000元已收回，并存入银行，其残料入库变价收入2 000元。

（1）在注销报废设备的原价和折旧额时，应进行账务处理如下：

借：固定资产清理　　　　　　　　　　　　30 000

　　累计折旧　　　　　　　　　　　　　　170 000

　　贷：固定资产——不需用固定资产　　　200 000

（2）在发生报废设备的清理费用时，应进行账务处理如下：

借：固定资产清理　　　　　　　　　　　　3 000

　　贷：应付职工薪酬　　　　　　　　　　2 000

　　　　银行存款　　　　　　　　　　　　1 000

（3）在报废设备的残料变价收入时，应进行账务处理如下：

借：原材料　　　　　　　　　　　　　　　2 000

　　银行存款　　　　　　　　　　　　　　7 000

　　贷：固定资产清理　　　　　　　　　　9 000

（4）核算报废设备清理后的净损失24 000元（30 000+3 000-9 000）。
应进行账务处理如下：

借：营业外支出——处理固定资产净损失　　24 000

　　贷：固定资产清理　　　　　　　　　　24 000

（四）固定资产盘亏

【例3-14】碧林实业有限责任公司盘亏一项生产经营用的电脑设备，账面原价为6 000元，已提折旧4 000元，经董事会审批后同意转销。盘亏的固定资产，按照该项固定资产的账面价值，借记"待处理财产损溢——待处理固定资产损溢"科目；按照已计提旧，借记"累计折旧"科目；按照其原价，贷记"固定资产"科目。应进行账务处理如下：

借：待处理财产损溢——待处理固定资产损溢　　2 000
　　累计折旧　　　　　　　　　　　　　　　　4 000
　　贷：固定资产——生产经营用固定资产　　　　　　6 000
借：营业外支出　　　　　　　　　　　　　　　2 000
　　贷：待处理财产损溢——待处理固定资产损溢　　2 000

四、固定资产改建核算业务

固定资产的改建支出，是指改变房屋或者建筑物结构、延长使用年限等发生的支出。

与固定资产有关的后续支出，如果使可能流入企业的经济利益超过了原先的估计，如延长了固定资产的使用寿命、使生产的产品质量实质性提高或是生产产品的成本实质性降低等，应将发生的支出计入固定资产价值。可资本化的固定资产后续支出发生时，借记"在建工程"等科目，贷记"银行存款"等科目。

固定资产的后续支出中，按上述原则不能计入固定资产价值的部分，应于发生时确认为当期费用。

【例3-15】2017年1月，W公司所持有的一条生产流水线，原价为2 000 000元，已计提累计折旧为1 200 000元，账面价值为800 000元。该流水线生产的产品适销对路，但现有生产线的生产能力已难以满足生产发展的需要，若新建生产线成本过高，周期过长，于是公司决定对其进行改扩建，以提高其生产能力。2017年1月至3月，经过3个月的改扩建，完成了对这条印刷生产线的改扩建工程，共发生支出300 000元，全部以银行存款支付。该生产线改扩建工程达到预定可使用状态后，大大提高了生产能力，预计将其使用年限延长了4年。

由于对生产线的改扩建支出，提高了生产线的生产能力并延长了其使用寿命，所以，此项后续支出应增加固定资产的账面价值。W公司的账务处理如下：

（1）2017年1月1日，固定资产转入改扩建时。

借：在建工程　　　　　　　　　　　　　　800 000
　　累计折旧　　　　　　　　　　　　　1 200 000
　　贷：固定资产　　　　　　　　　　　　2 000 000

（2）2017年1月至3月，固定资产后续支出发生时。

借：在建工程　　　　　　　　　　　　　　300 000
　　贷：银行存款　　　　　　　　　　　　　300 000

（3）2017年3月月末，生产流水线改扩建工程达到预定可使用状态时。

借：固定资产　　　　　　　　　　　　　1 100 000
　　贷：在建工程　　　　　　　　　　　　1 100 000

五、固定资产折旧

（一）折旧的概念与特点

固定资产折旧是指在固定资产使用寿命内，按照确定的方法对应计折旧额进行系统的分摊。计提固定资产折旧是将固定资产在使用过程中逐渐形成损耗的价值（包括有形损耗价值和无形损耗价值），逐步转移到产品成本和期间费用中去。

在会计核算上，固定资产折旧实质上是一个成本费用的分摊过程。通过折旧，将固定资产的取得成本，合理系统地在固定资产预计的有效使用期内进行分摊。所以说，固定资产折旧计入成本费用的过程，也就是固定资产价值转移的过程。在这一过程中，企业占用在固定资产形态上的资金，由于固定资产价值的转移而减少；随着产品销售的实现，计入产品中的折旧费就从收入中得到相应的补偿而转化为货币资金。作为折旧费用，计入各期成本和费用，不仅是为了收回投资，使企业有力量重新购置固定资产，而且是为了把固定资产的成本分配于各受益期，实现期间收入与费用的正确配比。有条件的企业，可以按照国家规定选择具体的折旧方法和确定加速折旧幅度，这对于加快企业技术进步和设备的更新换代具有重要意义。

小企业应当对所有固定资产计提折旧，并根据用途计入相关资产成本或者当期损益。但是，下列固定资产不计提折旧。

（1）房屋、建筑物以外未投入使用的固定资产。

（2）以经营租赁方式租入的固定资产。

（3）已提足折旧仍继续使用的固定资产。

已达到预定可使用状态的固定资产，如果尚未办理竣工决算的，应按估计价值暂估入账，并计提折旧；待办理了竣工决算手续后，再按照实际成本调整原来的暂估价，同时调整原已计提的折旧额。

小企业对固定资产进行改良后，应当根据调整后的固定资产成本，并根据本企业的使用情况合理估计折旧年限和净残值，提取折旧。

折旧核算涉及以下四个基本概念。

（1）折旧。折旧是指在固定资产使用寿命内，按照确定的方法对应计折旧额进行系统分摊。

（2）应计折旧额。应计折旧额是指应当计提折旧的固定资产的原价扣除其预计净残值后的金额。

（3）预计净残值。预计净残值是指固定资产预计使用寿命已满，企业从该项固定资产处置中获得的扣除预计处置费用后的金额。

（4）已提足折旧。已提足折旧是指已经提足该项固定资产的应计折旧额。

（二）折旧年限

小企业一般应按月提取折旧。小企业应当自固定资产投入使用月份的次月起按月计提折旧；停止使用的固定资产，应当自停止使用月份的次月起停止计提折旧。即当月增加的固定资产，当月不提折旧，从次月起计提折旧；当月减少的固定资产，当月照提折旧，从次月起不提折旧。固定资产提足折旧后，不管能否继续使用，均不再提取折旧；提前报废的固定资产，也不再补提折旧。所谓提足折旧，是指已经提足该项固定资产应提的折旧总额。应提的折旧总额为固定资产原价减去预计残值加上预计清理费用后的金额。

小企业应当根据固定资产的性质和使用情况，合理确定其折旧年限和净残值，作为计提折旧的依据。

除国务院财政、税务主管部门另有规定外，固定资产计算折旧的最低年限如下：

（1）房屋、建筑物，为20年。

（2）飞机、火车、轮船、机器、机械和其他生产设备，为10年。

（3）与生产经营活动有关的器具、工具、家具等，为5年。

（4）飞机、火车、轮船以外的运输工具，为4年。

（5）电子设备，为3年。

（三）折旧方法与折旧政策

小企业应当根据与固定资产有关的经济利益的预期实现方式，合理选择固定资产折旧方法。可选用的折旧方法包括年限平均法（即直线法）、工作量法、双倍余额递减法和年数总和法等。折旧方法一经确定，不得随意变更。常见的固定资产折旧方法详见图3-1。

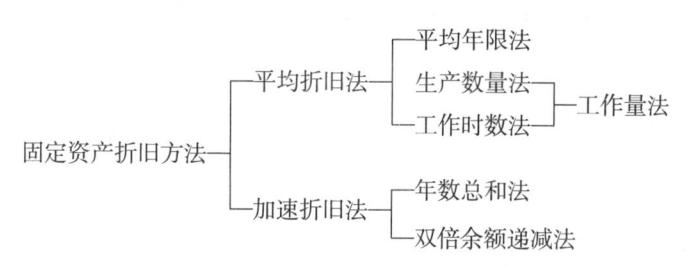

```
                         ┌─ 平均年限法
             ┌─ 平均折旧法 ─┼─ 生产数量法 ┐
             │             └─ 工作时数法 ┴─ 工作量法
固定资产折旧方法 ┤
             │             ┌─ 年数总和法
             └─ 加速折旧法 ─┤
                           └─ 双倍余额递减法
```

图3-1　固定资产折旧方法

财政部国家税务总局《关于完善固定资产加速折旧企业所得税政策的通知》（财税〔2014〕175号）所规定的折旧政策如下：

（1）对生物药品制造业，专用设备制造业，铁路、船舶、航空航天和其他运输设备制造业，计算机、通信和其他电子设备制造业，仪器仪表制造业，信息传输、软件和信息技术服务业等6个行业的企业2014年1月1日后新购进的固定资产，可缩短折旧年限或采取加速折旧的方法。

对上述6个行业的小型微利企业2014年1月1日后新购进的研发和生产经营共用的仪器、设备，单位价值不超过100万元的，允许一次性计入当期成本费用在计算应纳税所得额时扣除，不再分年度计算折旧；单位价值超过100万元的，可缩短折旧年限或采取加速折旧的方法。

（2）对所有行业企业2014年1月1日后新购进的专门用于研发的仪器、设备，单位价值不超过100万元的，允许一次性计入当期成本费用在计算应纳税所得额时扣除，不再分年度计算折旧；单位价值超过100万元的，可缩短折旧年限或采取加速折旧的方法。

（3）对所有行业企业持有的单位价值不超过5 000元的固定资产，

允许一次性计入当期成本费用在计算应纳税所得额时扣除，不再分年度计算折旧。

财政部国家税务总局《关于进一步完善固定资产加速折旧企业所得税政策的通知》（财税［2015］106号）所规定的新的折旧政策如下。

（1）对轻工、纺织、机械、汽车等四个领域重点行业的企业2015年1月1日后新购进的固定资产，可由企业选择缩短折旧年限或采取加速折旧的方法。

（2）对上述行业的小型微利企业2015年1月1日后新购进的研发和生产经营共用的仪器、设备，单位价值不超过100万元的，允许一次性计入当期成本费用在计算应纳税所得额时扣除，不再分年度计算折旧；单位价值超过100万元的，可由企业选择缩短折旧年限或采取加速折旧的方法。

（3）小企业按上述规定缩短折旧年限的，最低折旧年限不得低于《企业所得税法实施条例》第六十条规定的折旧年限的60%；采取加速折旧方法的，可采取双倍余额递减法或者年数总和法。

（四）固定资产的折旧方法

小企业应当根据与固定资产有关的经济利益的预期实现方式，合理选择固定资产的折旧方法。可选用的折旧方法有平均年限法、工作量法、年数总和法、双倍余额递减法等。

1. 平均年限法

平均年限法又称直线法，是根据固定资产原值、报废时的预计净残值，按平均使用年限计算的一种折旧方法，即固定资产的价值可以通过折旧均衡地摊配于使用期内的各个期间。采用这种方法，每年摊提的固定资产的折旧额是相等的，所以称它为直线法。按这种方法计算：

$$固定资产年折旧率 = \frac{固定资产原值 - 预计净残值}{固定资产原值 \times 使用年限} \times 100\%$$

上述公式中的预计净残值 = 预计残值收入 – 预计清理费用。

$$预计净残值率 = \frac{预计净残值}{固定资产原价} \times 100\%$$

固定资产年折旧额 = 固定资产原值 × 年折旧率

固定资产月折旧率 = 固定资产年折旧率 ÷ 12

固定资产月折旧额 = 固定资产原值 × 月折旧率

2. 工作量法

工作量法又可分为生产数量法和工作时数法。

生产数量法是假定固定资产的使用年限是随着固定资产的使用程度而减退的一种折旧方法。因此，固定资产有效的使用年限便是使用这项资产所能生产的产品或劳务数量。生产数量法适用于那些有形损耗是折旧的主要因素的专用设备，如交通运输企业的客、货运汽车，是按照它们在整个有效使用年限内每一个会计期间的实际产量计算折旧。其每年产量与摊提的折旧成正比。按生产数量法，折旧率及折旧额的计算公式如下：

$$单位生产数量折旧率 = \frac{固定资产原值 \times (1-预计净残值率)}{生产总数量}$$

3. 年数总和法

年数总和法是每期用一个递减的分数乘以固定资产原值扣除预计净残值后的应计提折旧总额来计算该期折旧额的一种折旧方法。年数总和法是一种加速折旧的方法，是将固定资产的原值减去预计净残值后的净额乘以一个逐年递减的分数计算每年折旧额。这个递减分数的分子是开始计算折旧年初算起的固定资产尚能使用年数，用使用年限减去已使用年限来表示。如一项固定资产使用年限为4年，计算第1年折旧时分子为4，计算第2

年折旧时分子为3，计算第3年折旧时分子为2，计算最后1年折旧时的分子为1。

4. 双倍余额递减法

双倍余额递减法是在先不考虑固定资产残值的情况下，用直线法的折旧率的2倍乘以固定资产在每一年开始时的账面价值的一种折旧方法。由于每年的账面价值因每年计提折旧而逐年减少，所以用双倍的直线法折旧率乘以递减的账面价值计算得来的折旧额也是逐年递减的。用双倍余额递减法，在固定资产使用年限终了时其账面净值应等于净残值。为此，在使用年限终了提前2年将固定资产账面价值减去预计净残值后的数值除以2，即用直线法平均摊销。双倍余额递减法折旧率、折旧额的计算公式如下：

$$年折旧率 = \frac{折旧年限 - 已使用年数}{折旧年限 \times (折旧年限 + 1) \times 2} \times 100\%$$

$$年折旧额 = (固定资产原值 - 预计净残值) \times 年折旧率$$

$$月折旧率 = \frac{年折旧率}{12}$$

$$月折旧额 = (固定资产原值 - 预计净残值) \times 月折旧率$$

（五）固定资产折旧核算

为了核算固定资产折旧，需要设置"累计折旧"科目。这是固定资产备抵科目，反映固定资产累计损耗的价值。"累计折旧"科目只进行总分类核算，不进行明细分类核算。

第三节　生物资产核算

一、生物资产的概念与特征

生物资产是指与农业生产相关的有生命的（即活的）动物和植物。由于生物资产与存货、固定资产不同，具有其特殊的自然增值性，所以在会计确认、计量和相关信息披露等方面有其特殊性。尤其是对于农业企业而言，生物资产通常是其资产的重要组成部分，对生物资产进行确认、计量和相关信息披露，将有助于如实反映企业的财务状况和经营成果。

生物资产是有生命的动物或植物。有生命的动物和植物具有能够进行生物转化的能力。生物转化，指导致生物资产质量或数量发生变化的生长、蜕化、生产和繁殖的过程。其中：

生长是指动物或植物体积、重量的增加或者质量的提高，如农作物从种植开始到收获前的过程。

蜕化是指动物或植物产出量的减少或质量的退化，如奶牛产奶能力的不断下降。

生产是指动物或植物本身产出农产品，如蛋鸡产蛋、奶牛产奶、果树产水果等。

繁殖是指产生新的动物或植物，如奶牛产牛犊、母猪生小猪等。

这种生物转化能力是其他资产（如存货、固定资产、无形资产等）所不具有的，也正是生物资产的特性。因此，生物资产的形态、价值以及产生经济利益的方式，都会随着其自身的出生、成长、衰老、死亡等自然规律和生产经营活动不断变化，尽管其在所处生命周期中的不同阶段具有类似于其他资产类别（存货或固定资产）的特点，但是其会计处理与存货、固定资产等常规资产有所不同，因此有必要对生物资产的确认、计量和披露等会计处理进行单独规范，以更准确地反映企业的生物资产信息。

农产品与生物资产密不可分，当其附着在生物资产上时，作为生物资产的一部分，不需要单独进行会计处理，而当其从生物资产上收获时开始，离开生物资产这一母体，一般具有鲜活、易腐的特点，因此应该区别于工业企业一般意义上的产品而单独核算。

生物资产与农业生产密切相关。"农业"是广义的范畴，包括种植业、畜牧养殖业、林业和水产业等行业。企业从事农业生产就是要增强生物转化能力，最终获得更多符合市场需要的农产品。例如，种植业作物的生长和收获而获得稻谷、小麦等农产品的活动过程；畜牧养殖业试验和收获而获得仔猪、肉猪、鸡蛋、牛奶等畜产品的活动过程；林业中用材料的生产和管理获得林产品、经济林木的生产和管理获得水果等的活动过程；水产业中的养殖获得水产品等活动过程，都属于将生物资产转化为农产品的活动。

农业生产与收获时点的农产品相关，但必须与对收获后的农产品进行加工的活动严格区分。农业生产活动针对的是有生命的生物资产，而加工活动针对的是收获后的农产品，如将绵羊产出的羊毛加工成毛毯，将收获的甘蔗加工成蔗糖，将奶牛产出的牛奶加工成奶酪，将从果树采摘的水果加工成水果罐头，将用材林采伐下的原木用于盖厂房等。因此，加工活动并不包含在生物资产所指的农业生产范畴内。

二、生物资产的分类

小企业的生物资产可分为消耗性生物资产和生产性生物资产。

1. 消耗性生物资产

消耗性生物资产，是指为出售而持有的，或在将来收获为农产品的生物资产。消耗性生物资产是劳动对象，包括生长中的大田作物、蔬菜、用材林以及存栏待售的牲畜等。消耗性生物资产通常是一次性消耗并终止其服务能力或未来经济利益，因此在一定程度上具有存货的特征，应当作为存货在资产负债表中列报。

2. 生产性生物资产

生产性生物资产，是指为产出农产品、提供劳务或出租等目的而持有的生物资产。生产性生物资产具备自我生长性，能够在持续的基础上予以消耗并在未来的一段时间内保持其服务能力或未来经济利益，属于劳动手段，包括经济林、薪炭林、产畜和役畜等。

与消耗性生物资产相比较，生产性生物资产具有能够在生产经营中长期、反复使用，从而不断产出农产品或者是长期役用的特征。消耗性生物资产收获农产品之后，该资产就不复存在；而生产性生物资产产出农产品之后，该资产仍然保留，并可以在未来期间继续产出农产品。因此，通常认为生产性生物资产在一定程度上具有固定资产的特征，如果树每年产出水果、奶牛每年产奶等。

一般而言，生产性生物资产通常需要生长到一定阶段才开始具备生产能力。根据其是否具备生产能力（即是否达到预定生产经营目的），可以对生产性生物资产作进一步划分。所谓达到预定生产经营目的，是指生产性生物资产进入正常生产期，可以多年连续稳定产出农产品、提供劳务或出租。由此，生产性生物资产可以划分为未成熟和成熟两类。

未成熟生产性生物资产是指尚未达到预定生产经营目的，还不能够多年连续稳定产出农产品、提供劳务或出租的生产性生物资产，如尚未开始挂果的果树、尚未开始产奶的奶牛等。

成熟生产性生物资产是指已经达到预定生产经营目的的生产性生物资产。

三、消耗性生物资产的核算

为了反映和监督消耗性生物资产的增减变化及其结存情况，小企业（农业）应当设置"消耗性生物资产"科目。"消耗性生物资产"科目核算小企业（农业）持有的消耗性生物资产的实际成本。"消耗性生物资产"科目可按消耗性生物资产的种类、群别等进行明细核算，介绍如下。

（1）外购的消耗性生物资产，按应计入消耗性生物资产成本的金额，借记"消耗性生物资产"科目，贷记"银行存款""应付账款"等科目。

（2）自行栽培的大田作物和蔬菜，应按收获前发生的必要支出，借记"消耗性生物资产"科目，贷记"银行存款"等科目。

自行营造的林木类消耗性生物资产，应按郁闭前发生的必要支出，借记"消耗性生物资产"科目，贷记"银行存款"等科目。

自行繁殖的育肥畜、水产养殖的动植物，应按出售前发生的必要支出，借记"消耗性生物资产"科目，贷记"银行存款"等科目。

（3）产畜或役畜淘汰转为育肥畜的，按转群时的账面价值，借记"消耗性生物资产"科目；按已计提的累计折旧，借记"生产性生物资产累计折旧"科目；按其账面余额，贷记"生产性生物资产"科目。

育肥畜转为产畜或役畜的，应按其账面余额，借记"生产性生物资产"科目，贷记"消耗性生物资产"科目。

（4）择伐、间伐或抚育更新性质采伐而补植林木类消耗性生物资产发生的后续支出，借记"消耗性生物资产"科目，贷记"银行存款"等科目。

林木类消耗性生物资产达到郁闭后发生的管护费用等后续支出，借记"管理费用"科目，贷记"银行存款"等科目。

（5）农业生产过程中发生的应归属于消耗性生物资产的费用，按应分配的金额，借记"消耗性生物资产"科目，贷记"生产成本"科目。

（6）消耗性生物资产收获为农产品时，应按其账面余额，借记"农产品"科目，贷记"消耗性生物资产"科目。

（7）出售消耗性生物资产，应按实际收到的金额，借记"银行存款"等科目，贷记"主营业务收入"等科目；按其账面余额，借记"主营业务成本"等科目，贷记"消耗性生物资产"科目。

（8）"消耗性生物资产"科目期末借方余额，反映小企业（农业）消耗性生物资产的实际成本。

【例3-16】某畜牧养殖企业2017年3月月末养殖的肉猪账面余额为24 000元，共计40头；4月6日花费7 000元新购入一批肉猪养殖，共计10头；4月30日屠宰并出售肉猪20头，支付临时工屠宰费用100元，出售取得价款16 000元；4月份共发生饲养费用500元（其中，应付专职饲养员工资300元，饲料200元）。该企业采用加权平均法结转成本。

该企业4月份的账务处理如下：

平均单位成本=（24 000+7 000+500）÷（40+10）=630（元）

出售猪肉的成本=630×20=12 600（元）

借：消耗性生物资产——肉猪	7 000
贷：银行存款	7 000
借：消耗性生物资产——肉猪	500
贷：应付职工薪酬	300
原材料	200
借：农产品——猪肉	12 700
贷：消耗性生物资产	12 600

    库存现金   100

 借：库存现金   16 000

   贷：主营业务收入   16 000

 借：主营业务成本   12 700

   贷：农产品——猪肉   12 700

  从消耗性生物资产上收获农产品后，消耗性生物资产自身完全转为农产品而不复存在，如肉猪宰杀后的猪肉、收获后的蔬菜、用材林采伐后的木材等，企业应当将收获时点消耗性生物资产的账面价值结转为农产品的成本。借记"农产品"科目，贷记"消耗性生物资产"科目；对于不通过入库直接销售的鲜活产品等，按实际成本借记"主营业务成本"科目。

四、生产性生物资产的核算

  生产性生物资产，是指小企业（农业）为生产农产品、提供劳务或出租等目的而持有的生物资产，包括经济林、薪炭林、产畜和役畜等。生产性生物资产应当按照成本进行计量。

  （1）外购的生产性生物资产的成本，包括购买价款和相关税费。

  （2）小企业自行营造或繁殖的生产性生物资产的成本，应当按照下列规定确定：①自行营造的林木类生产性生物资产的成本，包括发生的造林费、抚育费、营林设施费、良种试验费、调查设计费和应分摊的间接费用等必要支出。②自行繁殖的产畜和役畜的成本，包括发生的饲料费、人工费和应分摊的间接费用等必要支出。

  生产性生物资产应当按照年限平均法计提折旧。小企业（农业）应当自生产性生物资产投入使用月份的次月起按月计提折旧；停止使用的生产性生物资产，应当自停止使用月份的次月起停止计提折旧。

  小企业（农业）应当根据生产性生物资产的性质和使用情况，合理确定生产性生物资产预计净残值。生产性生物资产的预计净残值一经确定，就不得随意变更。

生产性生物资产计提折旧的最低年限如下。

（1）林木类生产性生物资产，为10年。

（2）畜产类生产性生物资产，为3年。

【例3-17】2017年3月，某农业企业从市场上一次性购买了6头种牛、15头种猪和600头猪苗，单价分别为4 000元、1 400元和250元，支付的价款共计195 000元。此外，发生的运输费为4 500元，保险费为3 000元，装卸费为2 250元，款项全部以银行存款支付。有关计算如下。

（1）确定应分摊的运输费、保险费和装卸费。

分摊比例=（4 500+3 000+2 250）÷195 000=5%

6头种牛应分摊：6×4 000×5%=1 200（元）

15头种猪应分摊：15×1 400×5%=1 050（元）

600头猪苗应分摊：600×250×5%=7 500（元）

（2）确定种牛、种猪和猪苗的入账价值。

6头种牛的入账价值：6×4 000+1 200=25 200（元）

15头种猪的入账价值：15×1 400+1 050=22 050（元）

600头猪苗的入账价值：600×250+7 500=157 500（元）

某农业企业应进行账务处理如下：

借：生产性生物资产——种牛　　　　　　　　　25 200

　　生产性生物资产——种猪　　　　　　　　　22 050

　　消耗性生物资产——猪苗　　　　　　　　　157 500

　　贷：银行存款　　　　　　　　　　　　　　204 750

113

第四节　无形资产核算

一、无形资产概述

（一）无形资产的概念和特征

无形资产是指小企业拥有或者控制的没有实物形态的可辨认非货币性资产。无形资产具有以下三个主要特征。

1. 不具有实物形态

无形资产是不具有实物形态的非货币性资产，它不像固定资产、存货等有形资产那样具有实物形态。

2. 具有可辨认性

满足下列条件之一的，符合无形资产定义中的可辨认性标准。

（1）能够从企业中分离或划分出来，并能单独或者与相关合同、资产或负债一起，用于出售、转让、授予许可、租赁或交换。

（2）源自合同性权利或其他法定权利，无论这些权利是否可以从企业或其他权利和义务中转移或分离。

3. 属于非货币性长期资产

无形资产属于非货币性长期资产且能够在多个会计期间为企业带来经济利益。

（二）无形资产的内容

小企业的无形资产包括专利权、非专利技术、商标权、著作权、土地使用权等。

1. 专利权

专利权是指国家专利主管机关依法授予发明创造专利申请人对其发明创造在法定期限内所享有的专有权利,包括发明专利权、实用新型专利权和外观设计专利权。

2. 非专利技术

非专利技术即专有技术,或技术秘密、技术诀窍,是指先进的、未公开的、未申请专利的、可以带来经济效益的技术及诀窍。

3. 商标权

商标是用来辨认特定的商品和劳务的标记。商标权是指专门在某类指定的商品或产品上使用特定名称或图案的权利。

4. 著作权

著作权又称版权,指作者对其创作的文学、科学和艺术作品依法享有的某些特殊权利。著作权包括精神权利和经济权利两种。

5. 土地使用权

土地使用权是指国家准许某一企业或单位在一定期间内对国有土地享有开发、利用、经营的权利。

二、无形资产核算

为了反映和监督小企业无形资产的取得、摊销和处置等情况,小企业应设置"无形资产""累计摊销"等科目进行核算。

"无形资产"科目核算小企业持有的无形资产成本,借方登记取得无形资产的成本;贷方登记出售无形资产转出的无形资产账面余额;期末借方余额,反映企业无形资产的成本。本科目应按无形资产的项目设置明细科目进行核算。

"累计摊销"科目属于"无形资产"的调整科目,核算小企业对使用寿命有限的无形资产计提的累计摊销；贷方登记企业计提的无形资产摊销；借方登记处置无形资产转出的累计摊销；期末贷方余额，反映企业无形资产的累计摊销额。

（一）无形资产的取得

1. 外购无形资产

小企业外购无形资产的成本，包括购买价款、相关税费以及相关的其他支出，应当按照实际支付的价款，借记"无形资产"科目，贷记"银行存款"等科目。

【例3-18】碧林实业有限责任公司自行研发一项技术，截至2015年12月31日，发生研发支出合计2 000 000元，经测试，该项研发活动完成了研发阶段，从2017年1月1日起开始进入开发阶段，2017年发生开发支出300 000元。2017年6月，该项研发活动结束，最终研发出一项非专利技术，应进行账务处理如下：

（1）2015年发生的研发支出。

借：研发支出——费用化支出　　　　2 000 000
　　贷：银行存款等　　　　　　　　　　　　　2 000 000

（2）2015年12月31日，发生的研发支出全部属于研究阶段的支出。

借：管理费用　　　　　　　　　　　2 000 000
　　贷：研发支出——费用化支出　　　　　　　2 000 000

（3）2017年发生开发支出并满足资本化确认条件。

借：研发支出——资本化支出　　　　　300 000
　　贷：银行存款等　　　　　　　　　　　　　　300 000

（4）2017年6月30日，该技术研发完成并形成无形资产。

借：无形资产——非专利技术　　　　　300 000
　　贷：研发支出——资本化支出　　　　　　　　300 000

（二）无形资产的摊销

小企业应当于取得无形资产时分析判断其使用寿命。使用寿命有限的无形资产应进行摊销，使用寿命不确定的无形资产不应摊销。使用寿命有限的无形资产，通常将其残值视为零，对于使用寿命有限的无形资产应当自可供使用当月起开始摊销，处置当月不再摊销。

小企业应当按月采用年限平均法计提无形资产的摊销，应当按照无形资产的受益对象，借记"管理费用""其他业务成本"等科目，贷记"累计摊销"科目，处置无形资产还应同时结转累计摊销额。

【例3-19】碧林实业有限责任公司购买了一项无形资产，成本为4 800 000元，合同规定受益年限为10年。则每月摊销时，应进行账务处理如下：

借：管理费用　　　　　　　　　　　　　　　40 000
　　贷：累计摊销　　　　　　　　　　　　　　40 000

（三）无形资产的处置

小企业处置无形资产，应当将实际取得的价款与其账面余额之间的差额，计入营业外收入或营业外支出。处置无形资产实际收到的价款时，借记"银行存款"等科目；按照已计提的累计摊销，借记"累计摊销"科目；按照应支付的相关税费及其他费用，贷记"应交税费——应交增值税""银行存款"等科目；按照其账面余额，贷记"无形资产"科目；按照其差额，贷记"营业外收入"科目或借记"营业外支出"科目。

【例3-20】碧林实业有限责任公司将其购买的一项专利权转让给书越公司，该专利权的成本为600 000元，已摊销220 000元，增值税专用发票上注明的转让价格为500 000元，增值税额为30 000元，款项已收到存入银行。应进行账务处理如下：

借：银行存款　　　　　　　　　　　　　　　530 000

  累计摊销   220 000
  贷：无形资产   600 000
    应交税费——应交增值税（销项税额）   30 000
    营业外收入   120 000

三、长期待摊费用的概念与分类

  长期待摊费用是指企业已经发生但应由本期和以后各期分别负担的分摊期限在 1 年以上的各种费用。也就是说，长期待摊费用是不能全部计入当年损益的，应当在以后年度内分期摊销的费用。

  小企业的长期待摊费用包括：已提足折旧的固定资产的改建支出、经营租入固定资产的改建支出、符合税法规定的固定资产大修理支出和其他长期待摊费用等。

  长期待摊费用应当在其摊销期限内采用年限平均法（即直线法）进行摊销，计入相关资产的成本或管理费用，并冲减长期待摊费用。

  长期待摊费用应当按照实际发生额作为计税基础。在计算应纳税所得额时，企业发生的下列支出作为长期待摊费用，按照规定摊销的，准予扣除。

  （1）已足额提取折旧的固定资产的改建支出，按照固定资产预计尚可使用年限分期摊销。

  （2）租入固定资产的改建支出，按照合同约定的剩余租赁期限分期摊销。固定资产的改建支出是指改变房屋或者建筑物结构、延长使用年限等发生的支出。

  （3）固定资产的大修理支出，按照固定资产尚可使用年限分期摊销。

  固定资产的大修理支出是指同时符合下列条件的支出：①修理支出达到取得固定资产时的计税基础 50% 以上。②修理后固定资产的使用年限延长两年以上。

（4）其他长期待摊费用，自支出发生月份的次月起分期摊销，摊销年限不得超过3年。

对不符合上述条件的后续支出须一次性计入当期损益。

四、长期待摊费用的核算

为了总括地反映企业长期待摊费用增减变动的经济业务，小企业应设置"长期待摊费用"科目。该科目属于资产类科目，用以核算小企业已经发生但应由本期和以后各期负担的分摊期限在1年以上的各项费用。"长期待摊费用"科目可按费用项目进行明细核算。

（1）小企业发生的长期待摊费用，借记"长期待摊费用"科目，贷记"银行存款""原材料"等科目。

（2）小企业按月摊销长期待摊费用，借记"制造费用""管理费用"等科目，贷记"长期待摊费用"科目。

（3）"长期待摊费用"科目期末借方余额，反映小企业尚未摊销完毕的长期待摊费用。

【例3-21】碧林实业有限责任公司一车间发生经营租入的半自动化设备改建支出，金额为240 000元，以转账支票付讫。应进行账务处理如下：

借：长期待摊费用　　　　　　　　　　　240 000
　　贷：银行存款　　　　　　　　　　　240 000

第四章 负 债

第一节 负债概述

一、负债的概念和特征

负债是指小企业过去的交易或者事项形成的,预期会导致经济利益流出企业的现时义务。作为小企业的负债,一般应同时具有以下几个基本特征。

(一) 由过去的交易或事项形成

小企业的负债都是因过去的交易、事项的发生所引起的。预期未来发生的交易或事项将产生的债务,不能确认为负债。

(二) 是企业的现时义务

例如,银行借款是因为企业接受了银行贷款形成的,如果没有接受贷款就不会发生银行借款这项负债;应付账款是因为采用商业信用形式购买商品或接受劳务所形成的,在这种购买未发生之前,相应的应付账款并不存在。

(三) 预期会导致经济利益流出企业

负债的偿还导致经济利益流出企业的具体表现为交付资产、提供劳务、将一部分股权转让给债权人等。如果企业能够回避的义务，就不能确认其为负债。

二、负债分类

小企业的负债按照其偿还速度或偿还时间长短，可分为流动负债和非流动负债。

小企业的流动负债，是指预计在 1 年或者超过 1 年的一个正常营业周期内清偿的债务。小企业的流动负债包括：短期借款、应付及预收款项、应付职工薪酬、应交税费、应付利息等。

流动负债以外的负债应当归类为非流动负债（长期负债），非流动负债是指偿还期在 1 年或者超过 1 年的 1 个营业周期以上的债务，包括长期借款、长期应付款等。

负债的项目及其分类如图 4-1 所示。

```
            ┌ 流动负债 ┬ 短期借款
            │         ├ 应付票据
            │         ├ 应付账款
            │         ├ 预收账款
            │         ├ 其他应付款
负债 ───────┤         ├ 应付职工薪酬
            │         ├ 应交税费
            │         ├ 应付利息
            │         └ 应付利润
            │
            └ 非流动负债 ┬ 长期借款
              （长期负债）├ 递延收益
                         └ 长期应付款
```

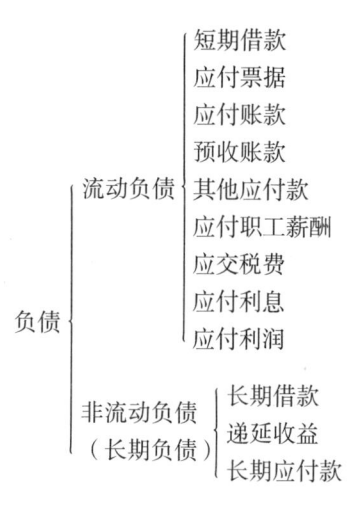

图 4-1　负债分类简图

第二节 应付及预收款项核算

应付及预收款项是指小企业在日常生产经营活动中发生的各项债务，包括应付票据、应付账款、预收账款、应付利息、应付利润和其他应付款。小企业核算应付及预收款项，应当按照发生额入账。

一、应付票据

（一）应付票据概述

应付票据是指小企业购买材料、商品和接受劳务供应等而开出、承兑的商业汇票。

小企业应通过"应付票据"科目核算应付票据的发生、偿付等情况。该科目贷方登记开出、承兑汇票的面值；借方登记支付票据的金额；余额在贷方，反映企业尚未到期的商业汇票的票面金额。

小企业应当设置"应付票据备查簿"，详细登记商业汇票的种类、号数、出票日期、到期日、票面金额、交易合同号和收款人姓名或单位名称以及付款日期和金额等资料。商业汇票到期结清票款后，在备查簿中应予以注销。

我国商业汇票的付款期限不超过 6 个月，因此，企业应将应付票据作为流动负债管理和核算。同时，由于应付票据的偿付时间较短，在会计实务中，一般均按开出、承兑的应付票据面值入账。

（二）应付票据的账务处理

小企业因购买材料、商品和接受劳务供应等而开出、承兑的商业汇票，应当按其票面金额作为应付票据的入账金额，小企业因开出银行承兑汇票而支付银行的承兑汇票手续费，应当计入当期财务费用。

【例4-1】碧林实业有限责任公司是增值税一般纳税人，原材料按计划成本进行核算。2017年5月8日购入原材料一批，增值税专用发票上注明的价款为60 000元，增值税额为10 200元，原材料已验收入库。该企业开出并经开户银行承兑的商业汇票一张，面值为70 200元，期限为5个月。交纳银行承兑手续费35.10元。商业汇票到期时，碧林实业有限责任公司通知其开户行以银行存款支付票款。应进行账务处理如下：

（1）开出并承兑商业汇票购入材料。

借：材料采购　　　　　　　　　　　　　60 000
　　应交税费——应交增值税（进项税额）　10 200
　　贷：应付票据　　　　　　　　　　　　70 200

（2）支付商业汇票承兑手续费。

借：财务费用　　　　　　　　　　　　　35.10
　　贷：银行存款　　　　　　　　　　　　35.10

（3）支付商业汇票款。

借：应付票据　　　　　　　　　　　　　70 200
　　贷：银行存款　　　　　　　　　　　　70 200

二、应付账款

应付账款是指小企业因购买材料、商品和接受劳务等日常生产经营活动应支付的款项。

由于商业信用（赊购）的普遍存在，应付账款成为一种最常见、最普遍的流动负债。应付账款是企业在正常经营过程中因购买商品或接受劳务供应而发生的在1年内或1个营业周期内待清偿的债务。凡不是购买商品或接受劳务而发生的其他应付款，不属于应付账款的核算范围，如企业应付各种赔款、应付租金、应付存入保证金等，应在"其他应付款"科目进行核算。

小企业应通过"应付账款"科目核算应付账款的发生、偿还等情况。该科目应按照对方单位（或个人）进行明细核算。该科目期末贷方余额，反映小企业尚未支付的应付账款。

（1）小企业购入材料、商品等未验收入库，货款尚未支付，应当根据发票账单等有关凭证，借记"在途物资"科目；按照专用发票上注明的增值税额，借记"应交税费——应交增值税（进项税额）"科目；按照应付的价款，贷记"应付账款"科目。

接受供应单位提供劳务而发生的应付未付款项，应当根据供应单位的发票账单，借记"生产成本""管理费用"等科目，贷记"应付账款"科目。

（2）小企业偿付应付账款，借记"应付账款"科目，贷记"银行存款"等科目。

（3）"应付账款"科目期末贷方余额，反映小企业尚未支付的应付账款余额。

在市场经济中，进行购销活动有时会出现现金折扣，对购货方现金折扣问题，会计处理上有总价法和净价法的区别。

企业在购货发生时，按未扣除折扣前发票的总金额记入"应付账款"科目的方法被称为总价法，即按发票的全部金额借记"在途物资"等有关科目，贷记"应付账款"科目。在实现折扣时，按发票全部金额，借记"应付账款"科目；按实际支付的金额，贷记"银行存款"科目；按发票金额与实际支付金额的差额，贷记"财务费用"科目。

【例4-2】某企业购入甲材料一批，货款计90 000元，10天内付款可享受现金折扣2%。甲材料已验收入库，企业于第9天付款。应进行账务处理如下：

（1）在收到发票时。

借：原材料——甲材料　　　　　　　　　90 000
　　贷：应付账款——××公司　　　　　　　　90 000

（2）在付款时。

借：应付账款——××公司　　　　　　　90 000
　　贷：银行存款　　　　　　　　　　　　　　88 200
　　　　财务费用　　　　　　　　　　　　　　 1 800

小企业在购货发生时，按已扣除折扣后的发票金额记入"应付账款"科目的方法被称为净价法，即在折扣期内支付货款时，按折扣后的金额借记"应付账款"科目，贷记"银行存款"科目。在超过折扣期后付款，即丧失购货折扣时，按折扣后的金额借记"应付账款"科目；按发票全部金额与折扣后金额的差额借记"财务费用"科目；按全部金额贷记"银行存款"科目。

三、预收账款

预收账款是指小企业按照合同规定向购货单位预收的款项，包括预收的购货款、工程款等。

小企业应通过"预收账款"科目核算预收账款的取得、偿付等情况。该科目应按照对方单位（或个人）进行明细核算。该账户期末如为贷方余额，反映小企业预收的款项；期末如为借方余额，反映小企业尚未转销的款项。

预收账款不多的，也可以不设置该科目，将预收的款项直接记入"应收账款"科目的贷方。

（1）小企业向购货单位预收的款项，借记"银行存款"等科目，贷记"预收账款"科目。

（2）销售实现时，按实现的收入，借记"预收账款"科目，贷记"主营业务收入"科目。涉及增值税销项税额的，还应进行相应的会计处理。

（3）"预收账款"科目期末如为贷方余额，反映小企业预收的款项；期末如为借方余额，反映小企业尚未转销的款项。

【例4-3】碧林实业有限责任公司为增值税一般纳税人，2017年6月2日，与A公司签订供货合同，向A公司出售一批产品，货款金额共计200 000元，应交增值税34 000元。根据购货合同的规定，A公司在购货合同签订后1周内，应当向碧林实业有限责任公司预付货款120 000元，剩余货款在交货后付清。2017年6月19日，碧林实业有限责任公司将货物发给A公司并开具了增值税专用发票，A公司验收货物后付清了剩余货款。应进行账务处理如下：

（1）收到A公司预付的货款。

借：银行存款　　　　　　　　　　　　　　120 000
　　贷：预收账款——A公司　　　　　　　　　　120 000

（2）向A公司发出货物。

借：预收账款——A公司　　　　　　　　　　234 000
　　贷：主营业务收入　　　　　　　　　　　　200 000
　　　　应交税费——应交增值税（销项税额）　　34 000

（3）收到A公司补付的货款。

借：银行存款　　　　　　　　　　　　　　114 000
　　贷：预收账款——A公司　　　　　　　　　　114 000

四、其他应付款

其他应付款是指小企业除应付账款、预收账款、应付职工薪酬、应交税费、应付利息、应付利润等以外的其他各项应付、暂收的款项，如应付租入固定资产和包装物的租金、存入保证金等。

小企业应通过"其他应付款"科目，核算其他应付款的增减变动及其结存情况。该科目应按照其他应付款的项目和对方单位（或个人）进行明细核算。该科目期末贷方余额，反映小企业应付未付的其他应付款项。

（1）小企业发生的其他各种应付、暂收款项，借记"管理费用"等科目，贷记"其他应付款"科目。

（2）支付的其他各种应付、暂收款项，借记"其他应付款"科目，贷记"银行存款"等科目。

（3）"其他应付款"科目期末贷方余额，反映小企业应付未付的其他应付款项。

【例4-4】碧林实业有限责任公司自2017年1月1日起，以经营租赁方式租入管理用办公设备一批，每月租金8 000元，按季支付。3月31日，碧林实业有限责任公司以银行存款支付应付租金24 000元。应进行账务处理如下：

（1）1月底计提应付租金。

借：管理费用　　　　　　　　　　　　　8 000
　　贷：其他应付款　　　　　　　　　　　　8 000

（2）2月底计提租金的分录同上。

（3）3月底支付租金。

借：其他应付款　　　　　　　　　　　　16 000
　　管理费用　　　　　　　　　　　　　　8 000
　　贷：银行存款　　　　　　　　　　　　24 000

第三节 应付职工薪酬核算

一、应付职工薪酬的概念及其组成

应付职工薪酬是指小企业为获得职工提供的服务而应付给职工的各种形式的报酬以及其他相关支出。凡是小企业为获得职工提供的服务给予或付出的各种形式的对价都构成职工薪酬,应当作为一种耗费构成人工成本,并与这些服务产生的经济利益相匹配。与此同时,企业与职工之间因职工提供服务形成的关系,大多数构成企业的现时义务,将导致企业未来经济利益的流出,从而形成企业的一项负债。

小企业的职工薪酬内容较多,主要内容如下:

(1)职工工资、奖金、津贴和补贴。它是指按照构成工资总额的计时工资、计件工资,支付给职工的超额劳动报酬和增收节支的劳动报酬,为了补偿职工特殊或额外的劳动消耗和因其他特殊原因支付给职工的津贴,以及为了保证职工工资水平不受物价影响支付给职工的物价补贴等。

(2)职工福利费。它主要包括职工因公负伤赴外地就医路费、职工生活困难补助、未实行医疗统筹企业职工医疗费用以及按规定发生的其他职工福利支出。

(3)医疗保险费、养老保险费等社会保险费。它是指企业按照国务院、各地方政府或企业年金计划规定的基准和比例计算,向社会保险经办机构交纳的医疗保险费、养老保险费、失业保险费、工伤保险费和生育保险费等。

(4)住房公积金。它是指企业按照国务院《住房公积金管理条例》

规定的基准和比例计算，向住房公积金管理机构交存的住房公积金。

（5）工会经费和职工教育经费。它是指企业为了改善职工文化生活、提供职工业务素质用于开展工会活动和职工教育及职业技能培训，根据国家规定的基准和比例，从成本费用中提取的金额。

（6）非货币性福利。它是指企业以自己的产品或外购商品发放给职工作为福利，企业提供给职工无偿使用自己拥有的资产，或租赁资产供职工无偿使用和为职工无偿提供服务等，如提供给企业高级管理人员使用的住房等，免费为职工提供诸如医疗保健的服务等。

（7）因解除与职工的劳动关系给予的补偿。它是指由于分离办社会职能，实施主辅分离、辅业分离、辅业改制、分流安置富余人员，实施重组、改组计划，职工不能胜任等原因，企业在职工劳动合同尚未到期之前解除与职工的劳动关系，或者为鼓励职工自愿接受裁减而提出补偿建议的计划中给予职工的经济补偿（即国际财务报告准则中所指的辞退福利）。

（8）其他与获得职工提供的服务相关的支出。它是指除上述七种薪酬以外的其他为获得职工提供的服务而给予的薪酬，如企业提供给职工以权益形式结算的认股权、以现金形式结算但以权益工具公允价值为基础确定的现金股票增值权等。

二、应付职工薪酬的核算内容

小企业应当设置"应付职工薪酬"科目，核算应付职工薪酬的计提、结算、使用等情况。该科目的贷方登记已分配计入有关成本费用项目的职工薪酬的数额；借方登记实际发放职工薪酬的数额，包括扣还的款项等；期末贷方余额，反映企业应付未付的职工薪酬。

"应付职工薪酬"科目应当按照"工资""职工福利""社会保险费""住房公积金""工会经费""职工教育经费""非货币性福利"等应付职工

薪酬项目设置明细账进行明细核算。

小企业应付职工薪酬的核算内容主要包括应付职工薪酬的确认和应付职工薪酬的发放两方面。

（一）小企业应付职工薪酬的确认

小企业应当在职工为其提供服务的会计期间，将应付的职工薪酬确认为应付职工薪酬，并根据职工提供服务的受益对象，分别以下列情况进行处理：

（1）应由生产产品、提供劳务负担的职工薪酬，计入产品成本或劳务成本，借记"生产成本""制造费用"等科目，贷记"应付职工薪酬"科目。

（2）应由在建工程负担的职工薪酬，计入建造固定资产成本，借记"在建工程"科目，贷记"应付职工薪酬"科目。

（3）管理部门人员的职工薪酬和因解除与职工的劳动关系给予的补偿，计入管理费用，借记"管理费用"科目，贷记"应付职工薪酬"科目。

（4）销售人员的职工薪酬，借记"销售费用"科目，贷记"应付职工薪酬"科目。

（5）以其自产产品发放给职工作为职工薪酬的，借记"管理费用""生产成本""制造费用""销售费用"等科目，贷记"应付职工薪酬"科目。

（二）小企业应付职工薪酬的发放

小企业发放职工薪酬应当区分以下情况进行处理：

（1）向职工支付工资、奖金、津贴、福利费等，从应付职工薪酬中扣还的各种款项（代垫的家属药费、个人所得税等）等，借记"应付职工薪酬"科目，贷记"库存现金""银行存款""其他应收款""应交税费——应交个人所得税"等科目。

（2）支付工会经费和职工教育经费用于工会活动和职工培训，借记"应付职工薪酬"科目,贷记"银行存款"等科目。

(3)按照国家有关规定交纳社会保险费和住房公积金,借记"应付职工薪酬"科目,贷记"银行存款"科目。

(4)以其自产产品发放给职工的,应视同销售收入,借记"应付职工薪酬"科目,贷记"主营业务收入"科目;同时结转产成品的成本;涉及增值税销项税额的,还应进行相应的账务处理。

(5)因解除与职工的劳动关系给予职工的补偿,借记"应付职工薪酬"科目,贷记"库存现金""银行存款"等科目。

三、应付职工薪酬的账务处理

(一)应付职工薪酬的确认

1. 货币性职工酬薪

企业应当在职工为其提供服务的会计期间,根据职工提供服务的受益对象,将应确认的职工薪酬(包括货币性薪酬和非货币性福利)计入相关资产成本或当期损益,同时确认应付职工薪酬。具体分别以下情况进行处理:

(1)生产部门人员的职工薪酬,借记"生产成本""制造费用""劳务成本"等科目,贷记"应付职工薪酬"科目。

(2)管理部门人员的职工薪酬,借记"管理费用"科目,贷记"应付职工薪酬"科目。

(3)销售人员的职工薪酬,借记"销售费用"科目,贷记"应付职工薪酬"科目。

(4)应由在建工程、研发支出负担的职工薪酬,借记"在建工程""研发支出"科目,贷记"应付职工薪酬"科目。

【例4-5】碧林实业公司2017年6月应付工资总额为693 000元,工资费用分配汇总表中列示的产品生产人员工资为 480 000 元，车间管理人员工资为 105 000 元，企业行政管理人员工资为 90 600 元，专设销售机构人员工资为 17 400 元。甲企业应进行账务处理如下：

借：生产成本——基本生产成本　　　　　　　480 000
　　制造费用　　　　　　　　　　　　　　　105 000
　　管理费用　　　　　　　　　　　　　　　 90 600
　　销售费用　　　　　　　　　　　　　　　 17 400
　　贷：应付职工薪酬——工资　　　　　　　693 000

小企业在计量应付职工薪酬时，对于国家（或企业年金计划）统一规定的计提基础和计提比例，如企业应向社会保险经办机构（或企业年金基金账户管理人）交纳的医疗保险费、养老保险费、失业保险费、工伤保险费和生育保险费等社会保险费，应向住房公积金管理中心交存的住房公积金，以及应向工会部门交纳的工会经费等，应当按照国家规定的标准计提。

2. 非货币性职工薪酬

小企业以其自产产品作为非货币性福利发放给职工的，应当根据受益对象，按照该产品的公允价值计入相关资产、成本或当期损益，同时确认应付职工薪酬，届时借记"管理费用""生产成本""制造费用"等科目。将企业拥有的房屋等资产无偿提供给职工使用的，应当根据受益对象，将该住房每期应计提的折旧计入相关资产成本或当期损益，同时确认应付职工薪酬，届时借记"管理费用""生产成本""制造费用"等科目，贷记"应付职工酬薪——非货币性福利"科目，并且同时借记"应付职工酬薪——非货币性福利"科目，贷记"累计折旧"科目。

租赁住房等资产供职工无偿使用的，应当根据受益对象，将该住房每期应计提的折旧计入相关资产、成本或当期损益，并确认应付职工薪酬，借记"管理费用""生产成本""制造费用"等科目，贷记"应付职工酬薪——非货币性福利"科目。难以认定受益对象的非货币性福利,直接计入当期损益和应付职工薪酬。

【例4-6】碧林实业有限责任公司为生产企业,共有职工200名,其中170名为直接参加生产的职工,30名为总部管理人员。2017年2月,碧林实业有限责任公司以其生产的每台成本为900元的电暖器作为春节福利发放给公司每名职工。该型号的电暖器其市场售价为每台1 000元,碧林实业有限责任公司适用的增值税税率为17%。甲企业应进行账务处理如下:

借:生产成本　　　　　　　　　　　　　　198 900
　　管理费用　　　　　　　　　　　　　　　35 100
　　贷:应付职工薪酬——非货币性福利　　　　234 000

本例中,应确认的应付职工薪酬=200×1 000+200×1 000×17% =234 000(元)。

其中,应记入"生产成本"科目的金额=170×1 000+170×1 000×17% =198 900(元)。

应记入"管理费用"科目的金额30×1 000+30×1 000×17% =35 100(元)。

(二)发放职工薪酬

1.支付职工工资、奖金、津贴和补贴

小企业一般在每月发放工资前,根据"工资结算汇总表"中的"实发金额"栏的合计数向开户银行提取现金,借记"库存现金"科目,贷记"银行存款"科目,然后再向职工发放。

企业按照有关规定向职工支付工资、奖金、津贴等,借记"应付职工薪酬——工资"科目,贷记"银行存款""库存现金"等科目;企业从应付职工薪酬中扣还的各种款项(代垫的家属药费、个人所得税等),借记

"应付职工薪酬"科目，贷记"银行存款""库存现金""其他应收款""应交税费——应交个人所得税"等科目。

2. 支付职工福利费

企业向职工食堂、职工医院、生活困难职工等支付职工福利费时，借记"应付职工薪酬——职工福利"科目，贷记"银行存款""库存现金"等科目。

【例4-7】2017年9月，甲企业以现金支付职工张某生活困难补助1 000元。甲企业应进行账务处理如下：

  借：应付职工薪酬——职工福利   1 000

    贷：库存现金   1 000

3. 支付工会经费、职工教育经费和交纳社会保险费、住房公积金

企业支付工会经费和职工教育经费用于工会运作和职工培训，或按照国家有关规定交纳社会保险费或住房公积金时，借记"应付职工薪酬——工会经费（或职工教育经费、社会保险费、住房公积金）"科目，贷记"银行存款""库存现金"等科目。

【例4-8】甲企业以银行存款交纳参加职工医疗保险的医疗保险费36 000元。甲企业应进行账务处理如下：

  借：应付职工薪酬——社会保险费   36 000

    贷：银行存款   36 000

4. 发放非货币性福利

企业以自产产品作为职工薪酬发放给职工时，应确认主营业务收入，借记"应付职工薪酬——非货币性福利"科目，贷记"主营业务收入"科目；同时结转相关成本；涉及增值税销项税额的，还应进行相应的会计处理。企业支付租赁住房等资产供职工无偿使用所发生的租金，借记"应付职工薪酬——非货币性福利"科目，贷记"银行存款"科目。

第四节 应交税费核算

税收是国家组织财政收入的主要形式和工具,是国家调节经济的重要杠杆之一,也是对经济活动进行监督管理的重要手段。国家凭借政治权力,制定法律,公布征税标准,并用行政手段和司法手段来保证税收任务的完成。因此,税收具有强制性、无偿性、固定性的特征。每一个依法直接负有纳税义务的单位和个人(即纳税主体)都应自觉向各级税务机关(即征税主体)交纳税金。

为了全面反映小企业各项税费的增减变动情况,应当设置"应交税费"账户,核算按照现行税法和权责发生制要求计算应交纳的各种税费,包括增值税、消费税、营业税、城市维护建设税、企业所得税、资源税、土地增值税、城镇土地使用税、房产税、车船税、教育费附加、矿产资源补偿费、排污费、代扣代交的个人所得税等。"应交税费"账户实质上是全面反映小企业与税务机关或财政部门之间发生的税务关系。

"应交税费"属于负债类账户,贷方反映应交的各种税金数额;借方反映实际交纳的各种税金数额;期末贷方余额,反映小企业尚未交纳的税费;期末如为借方余额,反映小企业多交或尚未抵扣的税费。

现将小企业可能涉及的有关税费及其主要账务处理分别进行介绍。

一、应交增值税

(一)增值税概述

增值税是以商品(含应税劳务)在流转过程中产生的增值额作为计税

依据而征收的一种流转税。增值税是一种价外税，实行价税分离，即将商品的销售价格和商品负担的增值税额明确分离出来，分别进行核算，其增值税负担的多少一般与纳税企业的损益无关。由于增值税是以增值额作为计税依据，只对销售额中本企业新创造的、未征过税的价值征税，纳税企业实际交纳的增值税是销项税额减去进项税额以后的差额，在理论上不存在重复征税的问题。

现行税法将增值税纳税人按其经营规模及会计核算健全与否划分为一般纳税人和小规模纳税人，实行不同的征收方法。年应税销售额在50万元以上的商业企业或年应税销售额在80万元以上的商业企业或年销售额在500万元以上的提供服务的企业都为增值税一般纳税人。否则，为小规模纳税人。

一般纳税人的增值税基本税率为17%，低税率为13%、11%、6%，出口货物为零税率。

小规模纳税人增值税的征收率为3%。

一般纳税人应纳增值税额的计算公式如下：

当期应纳增值税额 = 当期销项税额 - 当期进项税额

其中：当期销项税额 = 当期销售额 × 适用税率

当期进项税额 = 当期购进货物支付的价款 × 适用税率

小规模纳税人，实行简单的征收办法，即按照3%的征收率征税。小规模纳税人应纳增值税额的计算公式如下：

应纳增值税额 = 销售额 × 3%

各国实行的增值税在计算增值额时一般都实行税款抵扣制度，即在计算应纳税款时，要扣除商品在以前生产环节已负担的税款，以避免重复征税。根据修订后的《中华人民共和国增值税暂行条例》的规定,我国从2009年1月1日起在全国范围内实施消费型增值税。

(二)应交增值税的主要核算办法

(1)小企业采购物资等,按照应计入采购成本的金额,借记"在途物资"或"原材料""库存商品"等科目;按可抵扣的增值税额,借记"应交税费——应交增值税(进项税额)"科目;按照应付或实际支付的金额,贷记"应付账款""银行存款"等科目。购入物资发生退货,做相反的会计分录。

购进免税农业产品,按照购入农业产品的买价和规定的税率计算的进项税额,借记"应交税费——应交增值税(进项税额)"科目;按照买价减去按规定计算的进项税额后的差额,借记"在途物资"等科目;按照应付或实际支付的价款,贷记"应付账款""库存现金""银行存款"等科目。

(2)销售商品(提供劳务),按营业收入和应收取的增值税额,借记"应收账款""银行存款"等科目;按照专用发票上注明的增值税额,贷记"应交税费——应交增值税(销项税额)"科目;按确认的营业收入,贷记"主营业务收入""其他业务收入"等科目。发生销售退回,做相反的会计分录。

随同商品出售但单独计价的包装物,按规定应交纳的增值税额,借记"其他业务成本"科目,贷记"应交税费——应交增值税(销项税额)"科目。

(3)出口产品按规定退税的,借记"其他应收款"科目,贷记"应交税费——应交增值税(出口退税)"科目。

(4)小企业(小规模纳税人)以及小企业(一般纳税人)购入材料等不能抵扣增值税的,发生的增值税计入材料等的成本,借记"在途物资"等科目,贷记"银行存款"等科目,不通过"应交税费——应交增值税(进项税额)"科目核算。

(5)将自产的产品用于非应税项目,如用作福利发放给职工等,应视同销售计算应交增值税，借记"管理费用""生产成本""制造费用""销售费用"等科目，贷记"应交税费——应交增值税（销项税额）"科目。

（6）购进的物资、在产品、产成品发生非正常损失，以及购进物资改变用途等原因，其进项税额应相应转入有关科目，借记"营业外支出""在建工程"等科目，贷记"应交税费——应交增值税（进项税额转出）"科目。

属于转作待处理财产损失的部分，应与遭受非正常损失的购进货物、在产品、产成品成本一并处理。

（7）本月上交本月的应交增值税时，借记"应交税费——应交增值税（已交税金）"科目，贷记"银行存款"科目。本月上交上期应交未交的增值税时，借记"应交税费——未交增值税"科目，贷记"银行存款"科目。

月度终了，将本月应交未交增值税自"应交税费——应交增值税"科目的明细科目转入"应交税费——未交增值税"科目的明细科目，借记"应交税费——应交增值税——转出未交增值税"科目，贷记"应交税费——未交增值税"科目；将本月多交的增值税自"应交税费——应交增值税"科目转入"应交税费——未交增值税"科目，借记"应交税费——未交增值税"科目，贷记"应交税费——应交增值税（转出多交增值税）"科目。结转后，"应交税费——应交增值税"科目的期末借方余额，反映企业尚未抵扣的增值税。

（三）应交增值税的账务处理

为了核算小企业应交增值税的发生、抵扣、交纳、转出等情况，增值税一般纳税人应在"应交税费"科目下设置"应交增值税"明细科目，并按应交的税费项目进行明细核算，还应分别按"进项税额""销项税额""出口退税""进项税额转出""已交税金""转出未交增值税""转出多交增值税"等设置专栏。小规模纳税人只需设置"应交增值税"明细科目，不需要在"应交增值税"明细科目中设置上述专栏。

1. 一般纳税人的账务处理

1）采购商品和接受应税劳务。

【例4-8】碧林实业有限责任公司为增值税一般纳税人,适用的增值税税率为17%,原材料按计划成本核算,销售商品价格为不含增值税的公允价格。2017年8月5日,购入原材料一批,取得的增值税专用发票上注明的价款为120 000元,税额为20 400元,货物尚未到达,货款和进项税已用银行存款支付。应进行账务处理如下：

借：材料采购　　　　　　　　　　　　　　　120 000
　　应交税费——应交增值税（进项税额）　　20 400
　　贷：银行存款　　　　　　　　　　　　　140 400

2）进项税转出。

【例4-9】甲企业2017年8月发生进项税额转出事项及应进行的账务处理如下：

（1）10日,库存材料因意外火灾毁损一批,有关增值税专用发票注明的成本为20 000元,增值税额为3 400元。

借：待处理财产损溢——待处理流动资产损溢　23 400
　　贷：原材料　　　　　　　　　　　　　　20 000
　　　　应交税费——应交增值税（进项税额转出）3 400

（2）18日,企业所属的职工宿舍维修领用原材料6 000元,购入原材料时支付的增值税额为1 020元。

借：应付职工薪酬——非货币性福利　　　　　7 020
　　贷：原材料　　　　　　　　　　　　　　6 000
　　　　应交税费——应交增值税（进项税额转出）1 020

3）销售物资或者提供应税劳务。

【例4-10】碧林实业有限责任公司2017年6月发生经济交易或事项以及应进行的账务处理如下：

（1）15日，销售产品一批，价款为500 000元，按规定应收取增值税税额85 000元，提货单和增值税专用发票已交给买方，款项尚未收到。

借：应收账款　　　　　　　　　　　　　　585 000
　　贷：主营业务收入　　　　　　　　　　　　500 000
　　　　应交税费——应交增值税（销项税额）　85 000

（2）28日，为外单位代加工电脑桌500个，每个收取加工费80元，加工完成，款项已收到并存入银行。

借：银行存款　　　　　　　　　　　　　　46 800
　　贷：主营业务收入　　　　　　　　　　　　40 000
　　　　应交税费——应交增值税（销项税额）　6 800

4）视同销售行为。

小企业的有些交易和事项从会计角度来看不属于销售行为，不能确认为销售收入，但是按照税法的规定，应视同对外销售处理，计算应交增值税。视同销售需要交纳增值税的事项，如企业将自产、委托加工的货物用于非应税项目、集体福利或个人消费，将自产、委托加工或购买的货物作为投资、分配给股东或投资者、无偿赠送他人等。

5）应交增值税。

小企业交纳的增值税，借记"应交税费——应交增值税（已交税金）"科目，贷记"银行存款"科目；"应交税费——应交增值税"科目的贷方余额，表示企业应交纳的增值税。

2.小规模纳税人的账务处理

小规模纳税人企业应当按照不含销售额和规定的增值税征收率计算交纳增值税，销售货物或提供应税劳务时只能开具普通发票，不能开具增值税专用发票。小规模纳税人企业不享有进项税额的抵扣权，其购进货物或接受应税劳务支付的增值税额直接计入有关货物或劳务成本。因此，小规模纳税人企业只需在"应交税费"科目下设置"应交增值税"明细科目，不需要在"应交增值税"明细科目中设置专栏。"应交税费——应交增值税"科目贷方登记应交纳的增值税额；借方登记已交纳的增值税额；期末贷方余额反映尚未交纳的增值税额，借方余额反映多交纳的增值税额。

【例4-11】甲企业为增值税小规模纳税人，适用增值税征收率为3%，原材料按实际成本核算。该企业发生经济交易如下：购入原材料一批，取得的专用发票中注明货款30 000元，增值税额5 100元，款项以银行存款支付，材料验收入库。销售产品一批，所开出的普通发票中注明的货款（含税）为51 500元，款项已存入银行。用银行存款交纳增值税额1 500元。应进行账务处理如下：

（1）购入原材料。

借：原材料　　　　　　　　　　　　　　　　　　　35 100
　　贷：银行存款　　　　　　　　　　　　　　　　　35 100

（2）销售产品。

借：银行存款　　　　　　　　　　　　　　　　　　51 500
　　贷：主营业务收入　　　　　　　　　　　　　　　50 000
　　　　应交税费——应交增值税　　　　　　　　　　1 500

不含税销售额 = 含税销售额 ÷（1+征收率）=51 500÷（1+3%）=50 000（元）

应纳增值税 = 不含税销售额 × 征收率 =50 000×3%=1 500（元）

（3）交纳增值税。

借：应交税费——应交增值税　　　　　　　　　　　1 500
　　贷：银行存款　　　　　　　　　　　　　　　　　1 500

二、应交消费税

(一) 消费税概述

消费税是指在我国境内对从事生产和进口一些特别消费品所征收的一种税。消费税实行从价定率、从量定额,或者从价定率和从量定额复合计税的办法计算应纳税额。从价计征采用差额比例税率,从量计征采用定额税率设置固定税额。其计算公式如下:

实行从价定率办法计算的应纳税额 = 销售额 × 比例税率

实行从量定额办法计算的应纳税额 = 销售数量 × 定额税率

实行复合计税办法计算的应纳税额 = 销售额 × 比例税率 + 销售数量 × 定额税率

(二) 应交消费税的主要核算办法

企业应在"应交税费"科目下设置"应交消费税"明细科目,核算应交消费税的发生、交纳情况。该科目贷方登记应交纳的消费税;借方登记已交纳的消费税;期末贷方余额反映企业尚未交纳的消费税,借方余额反映企业多交纳的消费税。

(1) 销售需要交纳消费税的物资应交的消费税,借记"营业税金及附加"等科目,贷记"应交税费——应交消费税"科目。退税时,做相反的会计分录。

(2) 以生产的产品用于在建工程、非生产机构等,按规定应交纳的消费税,借记"在建工程""营业外支出"等科目,贷记"应交税费——应交消费税"科目。

随同商品出售但单独计价的包装物,按规定应交纳的消费税,借记"其他业务成本"科目,贷记"应交税费——应交消费税"科目。出租、出借包装物逾期未收回没收的押金应交的消费税，借记"其他业务成本"科目，贷记"应交税费——应交消费税"科目。

（3）需要交纳消费税的委托加工物资，由受托方代收代交税款（除受托加工或翻新改制金银首饰按规定由受托方交纳消费税外）。受托方按应交税款金额，借记"应收账款——银行存款"等科目，贷记"应交税费——应交消费税"科目。委托加工物资收回后，直接用于销售的，将代收代交的消费税计入委托加工物资的成本，借记"库存商品"等科目，贷记"应付账款——银行存款"等科目；委托加工物资收回后用于连续生产，按规定准予抵扣的，按代收代交的消费税额，借记"应交税费——应交消费税"科目，贷记"应付账款""银行存款"等科目。

（4）有金银首饰零售业务的以及采用以旧换新方式销售金银首饰的小企业，在实现营业收入时，按照应交消费税额，借记"营业税金及附加"科目，贷记"应交税费——应交消费税"科目。有金银首饰零售业务的小企业因受托代销金银首饰按规定应交纳的消费税额，应当分别不同情况进行处理：以收取手续费方式代销金银首饰的，按其应交纳的消费税额，借记"其他业务成本"科目，贷记"应交税费"科目（应交消费税）；以其他方式代销首饰的，按其交纳的消费税额，借记"营业税金及附加"科目，贷记"应交税费——应交消费税"科目。

有金银首饰批发、零售业务的小企业，将金银首饰用于馈赠、赞助、广告、职工福利、奖励等方面的，应于物资移送时，按照应交纳的消费税额，借记"营业外支出""销售费用""应付职工薪酬"等科目，贷记"应交税费——应交消费税"科目。

随同金银首饰出售但单独计价的包装物，按规定应交纳的消费税额，借记"其他业务成本"科目，贷记"应交税费——应交消费税"科目。

小企业因受托加工或翻新改制金银首饰，按规定应交纳的消费税额，于向委托方交货时，借记"营业税金及附加""其他业务成本"等科目，贷记"应交税费——应交消费税"科目。

（5）需要交纳消费税的进口物资，其交纳的消费税应计入该项物资的成本，借记"固定资产""在途物资""库存商品"等科目，贷记"银行存款"等科目。

（6）免征消费税的出口物资应当分别以以下情况进行处理：

生产性企业直接出口或通过外贸企业出口的物资，按规定直接予以免税的，可不计算应交消费税；

委托外贸企业代理出口物资的生产性小企业，应在计算消费税时，按应交纳的消费税额，借记"其他应收款"科目，贷记"应交税费——应交消费税"科目；收到退回的税金，借记"银行存款"科目，贷记"其他应收款"科目；发生退关、退货而补交已退的消费税，做相反的会计分录；

自营出口物资的外贸小企业，在物资报关出口后申请出口退税时，借记"其他应收款"科目，贷记"主营业务成本"科目；实际收到退回的税金时，借记"银行存款"科目，贷记"其他应收款"科目；发生退关或退货而补交已退的消费税时，做相反的会计分录。

（7）交纳的消费税，借记"应交税费——应交消费税"科目，贷记"银行存款"科目。

（三）应交消费税的账务处理

1. 销售应税消费品

企业销售应税消费品应交纳的消费税，借记"营业税金及附加"科目，贷记"应交税费——应交消费税"科目。

2. 自产自用应税消费品

企业将生产的应税消费品用于在建工程等非生产机构时，按规定应交纳的消费税额，借记"在建工程"等科目，贷记"应交税费——应交消费税"科目。

3. 委托加工应税消费品

企业如有应交消费税的委托加工物资，一般由受托方代收代交税款。委托加工物资收回后，直接用于销售的，应将受托方代收代交的消费税计入委托加工物资的成本，借记"委托加工物资"等科目，贷记"应付账款""银行存款"等科目；委托加工物资收回后用于连续生产的，按规定准予抵扣的，应按已由受托方代收代交的消费税，借记"应交税费——应交消费税"科目，贷记"应付账款""银行存款"等科目。

4. 进口应税消费品

小企业进口应税物资在进口环节的消费税，应计入该项物资的成本。

三、应交资源税

（一）资源税概述

资源税是对在我国境内开采应税矿产品和生产盐的单位和个人，就其应税数量征收的一种税。资源税对所有应税资源都实行幅度定额税率。

资源税的应纳税额，按照应税产品的课税数量和规定的单位税额计算。应纳税额计算公式如下：

应纳税额 = 课税数量 × 单位税额

现行资源税计税依据是指纳税人应税产品的销售数量和自用数量。

纳税人开采或者生产应税产品销售的，以销售数量为课税数量。

纳税人开采或者生产应税产品自用的，以自用数量为课税数量。

（二）应交资源税的主要账务处理

（1）小企业销售商品应交纳的资源税，借记"营业税金及附加"科目，贷记"应交税费——应交资源税"科目。

（2）自产自用的物资应交纳的资源税，借记"生产成本"科目，贷记"应交税费——应交资源税"科目。

（3）收购未税矿产品，按实际支付的价款，借记"在途物资"等科目，贷记"银行存款"等科目；按代扣代交的资源税，借记"在途物资"等科目，贷记"应交税费——应交资源税"科目。

（4）外购液体盐加工固体盐时，在购入液体盐时，按所允许抵扣的资源税额，借记"应交税费"科目；按外购价款减去允许抵扣资源税后的金额，借记"在途物资"或"原材料"等科目；按应支付的全部价款，贷记"银行存款""应付账款"等科目。加工成固体盐后，在销售时，按照计算出的销售固体盐应交的资源税额，借记"营业税金及附加"科目，贷记"应交税费——应交资源税"科目；将销售固体盐应交资源税扣抵液体盐已交资源税后的差额上交时，借记"应交税费——应交资源税"科目，贷记"银行存款"科目。

四、应交企业所得税

（一）企业所得税概述

企业所得税是指对一国境内的企业和其他经济组织在一定期间内的生产经营所得和其他所得等收入，在进行法定的生产成本、费用和损失等扣除后的余额（即应纳税所得额）所征收的一个税种。

企业所得税应纳税额 = 应纳税所得额 × 适用税率

按照《中华人民共和国企业所得税法》的规定，小企业属于依照一国法律、法规在该国境内成立的居民企业。居民企业适用税率具体分为以下三个档次：

（1）居民企业应当就其来源于中国境内、境外的所得交纳企业所得税。其适用的企业所得税的基本税率为25%。

（2）小型微利企业从事国家非限制和禁止行业，并符合下列条件的，减按20%的税率征收企业所得税。

小型微利的工业企业是指年度应纳税所得额不超过30万元，从业人数不超过100人，资产总额不超过3 000万元的企业。

小型微利的其他企业是指年度应纳税所得额不超过30万元，从业人数不超过80人，资产总额不超过1 000万元的企业。

从业人数是指与企业建立劳动关系的职工人数和企业接受的劳务派遣用工人数之和；从业人数和资产总额指标，可按企业全年月平均值确定。

（3）国家需要重点扶持的高新技术企业，减按15%的税率征收企业所得税。

（二）应交企业所得税的主要账务处理

（1）小企业按照税法规定计算应交的所得税，借记"所得税费用"科目，贷记"应交税费——应交所得税"科目。

（2）交纳的所得税，借记"应交税费——应交所得税"科目，贷记"银行存款"等科目。

五、应交土地增值税

（一）土地增值税概述

土地增值税是指对转让土地使用权、地上的建筑物及其附着物并取得收入的单位和个人，就其房地产转让所获得收入的增值部分，按照超率累进税率计征的一种税。土地增值税实行四级超率累进税率，其计算公式如表4-1所示。

表 4-1 土地增值税计算表

级别	标　准	计算公式
1	土地增值额未超过扣除项目金额 50% 的	土地增值税税额 = 土地增值额 × 30%
2	土地增值额超过扣除项目金额 50%，未超过 100% 的	土地增值税税额 = 土地增值额 × 40% - 扣除项目金额 × 5%
3	土地增值额超过扣除项目金额 100%，未超过 200% 的	土地增值税税额 = 土地增值额 × 50% - 扣除项目金额 × 15%
4	土地增值额超过扣除项目金额 200% 的	土地增值税税额 = 土地增值额 × 60% - 扣除项目金额 × 35%

（二）应交土地增值税的主要账务处理

（1）小企业转让土地使用权应交的土地增值税，土地使用权与地上建筑物及其附着物一并在"固定资产"等科目核算的，借记"固定资产清理"等科目，贷记"应交税费——应交土地增值税"科目。

（2）土地使用权在"无形资产"科目核算的，按实际收到的金额，借记"银行存款"科目；按应交的土地增值税，贷记"应交税费——应交土地增值税"科目；按冲销土地使用权的净值，贷记"无形资产"科目；按照其差额，借记"营业外支出"科目或贷记"营业外收入"科目。

（3）交纳的土地增值税，借记"应交税费——应交土地增值税"科目，贷记"银行存款"等科目。

六、应交城市维护建设税和教育费附加

（一）应交城市维护建设税

城市维护建设税是以增值税、消费税为计税依据征收的一种税。

其纳税人为交纳增值税、消费税的单位和个人，以实际交纳的增值税、消费税为纳税依据，并分别与二项税金同时交纳。其计算公式如下：

应纳城市维护建设税税额=(增值税额+消费税额)×适用税率

城市维护建设税适用税率分别为：纳税人所在地在市区的，税率为7%；纳税人所在地在县城、镇的，税率为5%；纳税人所在地不在市区、县城或镇的，税率为1%。

有关应交城市维护建设税的主要账务处理如下：

（1）小企业按规定计算应交的城市维护建设税，借记"税金及附加""其他业务成本"科目，贷记"应交税费——应交城市维护建设税"科目。

（2）交纳的城市维护建设税，借记"应交税费——应交城市维护建设税"科目，贷记"银行存款"科目。

（二）应交教育费附加

教育费附加是为了发展教育事业而向企业征收的附加费用，企业应按实际交纳的增值税、消费税的一定比例计算交纳。

有关应交教育费附加的主要账务处理如下：

（1）小企业按规定计算应交的教育费附加，借记"税金及附加""其他业务成本"科目，贷记"应交税费——应交教育费附加"科目。

（2）交纳的教育费附加，借记"应交税费——应交教育费附加"科目，贷记"银行存款"科目。

七、应交房产税、车船税、城镇土地使用税

房产税是以房产的价值为课税对象的一种税，纳税人为房产产权所有人。房产税是按房产原值扣除10%～30%后的余值计算交纳的。

车船税是由拥有并使用车船的单位或个人按照适用税率征收的一种税。按照车船的种类、使用性质、数量、吨位等实行定额征收。

城镇土地使用税是对使用土地的单位或个人，就其使用土地的面积按

规定税额征收的一种税。按照土地面积和不同地区、地段的档次及每平方米定额税额计算征收。

有关应交房产税、城镇土地使用税、车船税的主要账务处理如下：

（1）小企业按规定计算应交的房产税、城镇土地使用税、车船税，借记"营业税金及附加"科目，贷记"应交税费——应交房产税、应交城镇土地使用税、应交车船税"科目。

（2）交纳的房产税、城镇土地使用税、车船税，借记"应交税费——应交房产税、应交城镇土地使用税、应交车船税"科目，贷记"银行存款"科目。

八、应交个人所得税

个人所得税是对个人（自然人）取得的所得为征税对象的一种所得税。个人所得税以所得人为纳税义务人，以支付所得的单位或个人为扣税义务人。企业支付给职工的工资、薪金所得（包括工资、薪金、奖金、年终加薪、劳动分红、津贴、补贴，以及与任职或者受雇有关的其他所得），以每月收入额减去规定费用（自2011年9月1日起为3 500元以及附加减除费用）后的余额，为应纳税所得额，以计算征收个人所得税。

有关应交个人所得税的主要账务处理如下：

（1）小企业按规定计算应代扣代交的职工个人所得税，借记"应付职工薪酬"科目，贷记"应交税费——应交个人所得税"科目。

（2）交纳的个人所得税，借记"应交税费——应交个人所得税"科目，贷记"银行存款"科目。

【例4-12】甲企业结算本月应付职工工资总额300 000元，按税法公司应代扣代交的职工个人所得税共计3 000元，实发工资为297 000元，该公司应进行账务处理如下：

代扣个人所得税时：

借：应付职工薪酬——工资　　　　　　　　　　　3 000
　　贷：应交税费——应交个人所得税　　　　　　　3 000

交纳个人所得税时：

借：应交税费——应交个人所得税　　　　　　　　3 000
　　贷：银行存款　　　　　　　　　　　　　　　　3 000

第五节　借款与利息核算

一、短期借款核算

短期借款是指企业向银行或其他金融机构等借入的期限在1年以内（含1年）的各种借款。短期借款一般是企业为维护正常的生产经营所需的资金而借入的或者为抵偿某项债务而借入的资金。短期借款的债权人一般为银行、其他金融机构或其他单位和个人。

小企业向银行进行短期借款需按照银行有关规定的程序，在提出申请、接受审核、签订人民币短期借款合同协议后，借入贷款、支付贷款的利息，并按规定的借款期限归还借款。

为了反映和监督短期借款的取得和归还情况，小企业应设置"短期借款"科目，核算小企业向银行或其他金融机构等借入的期限在1年以下（含1年）的各种借款。该科目贷方登记企业借入的各种短期借款；借款归还时，记入该科目的借方；该科目的余额一般在贷方，反映小企业尚未偿还的短期借款本金。该科目应按借款种类、贷款人和币种设置明细账进行明细核算。

为了反映小企业应付利息的增减变动情况，小企业应设置"应付利息"科目，核算小企业在应付利息日应支付的借款利息，借记"财务费用""在建工程"科目，贷记"应付利息"科目；实际支付利息时，借记"应付利息"科目，贷记"银行存款"科目；"应付利息"科目期末贷方余额，反映小企业应付未付的利息。"应付利息"科目可按贷款人进行明细核算。

【例4-13】某企业因进货需要向银行申请临时借款300 000元，借款期限3个月，到期时一次支付的本息，利息按月息9‰计算。

（1）在借入款项时，应进行账务处理如下：

借：银行存款　　　　　　　　　　　　　300 000
　　贷：短期借款——临时借款　　　　　　　　300 000

（2）每月按照借款合同计算应付利息时（300 000×9‰×3=8 100元），应进行账务处理如下（共3个月）：

借：财务费用　　　　　　　　　　　　　8 100
　　贷：应付利息　　　　　　　　　　　　　　8 100

（3）借款期满，该企业在以银行存款偿付本息时，应进行账务处理如下：

借：短期借款——临时借款　　　　　　　300 000
　　应付利息　　　　　　　　　　　　　8 100
　　贷：银行存款　　　　　　　　　　　　　　308 100

二、长期借款核算

长期借款是指小企业向银行或其他金融机构借入的期限在1年以上（不含1年）的各项借款。

小企业通过设置"长期借款"科目，用以核算小企业长期借款的借入、归还等。该科目贷方登记取得长期借款的增加数；借方登记长期借款本息的减少数；贷方余额表示尚未偿还的长期借款本息。该科目可按贷款人和贷款种类设置明细账进行明细核算。

小企业应当在应付利息日按照借款本金和借款合同利率计提利息费用，借记"财务费用""在建工程"科目，贷记"长期借款"科目。

小企业在借款中所发生的借款费用，是指因借款而发生的利息以及因外币借款而发生的汇兑差额等。借款费用的确认主要解决的是将每期发生的借款费用资本化、计入相关资产的成本，还是将有关借款费用费用化、计入当期损益的问题。借款费用确认的基本原则是：企业发生的借款费用，可直接归属于符合资本化条件的资产购建或者生产的，应当予以资本化，计入相关资产成本；其他借款费用，应当在发生时根据其发生额确认为财务费用。

为购建固定资产而发生的专门借款，在满足借款费用开始资本化的条件时至购建的固定资产已竣工决算前发生的借款费用，应计入固定资产成本。在固定资产已竣工决算后发生的，应于发生时计入当期财务费用。

第五章 所有者权益

第一节 所有者权益概述

一、所有者权益的基本特征

所有者权益是指投资者对企业净资产的所有权,它表明了企业的产权关系,即企业谁投资的,归谁所有。在数量上,它等于企业全部资产减去全部负债后的余额。投资者应按照各自出资的比例或者按照合同、章程的规定比例分享企业利润分担企业的风险。

相对于负债而言,所有者权益具有以下几方面的特征。

(一) 所有者权益是稳定的资金来源

在一般情况下,所有者权益中的资本金不像负债那样需要偿还。除非小企业发生减资、清算,否则小企业不需要将资本金偿还给所有者。

小企业清算时,负债将优先偿还,而所有者权益只有在负债得到偿还后,才能得到返还。

(二) 所有者权益归属于投资人(股东)

所有者能够分享利润,而债权人通常不能参与利润的分配。

在不同组织形式的企业里,所有者权益的表现形式和所有者所拥有的权利是不同的。

在独资企业里,所有者权益表现为业主权益。业主对企业的重大经营决策及人事变动、盈利分配等具有决定权,同时,对企业的债务负全部责任。在企业清算时,当企业的财产不足以清偿其债务时,业主必须将个人的财产用来清偿企业的债务,即应付无限责任。

在合伙企业里,所有者权益表现为合伙人权益。合伙人对企业的经营决策权以及盈利分配等,按投资金额或契约规定的比例分配,当企业的财产不足以清偿对外负债时,任何一个合伙人都负有清偿其他合伙人无力清偿的那一部分债务的责任,即应付无限连带责任。

在股份制企业里,所有者权益表现为股东权益。股东具有对企业的重大经营决策及人事变动决策的参与权,有参与企业盈利的分配权,以及在企业清算时,有对企业剩余资产的要求权。股东以其认缴的出资额对公司承担有限责任。

所有者权益和负债的区别可归纳如表 5-1 所示。

表 5-1　所有权益和负债的区别比较

比较项目	所有者权益	负债
资金来源性质	永久性的	临时性的
是否需要还本付息	不需要	需要
能否参与企业管理	能	不能
能够参与利润分配	能	不能
企业清算时是否有优先清偿权	没有	有

二、所有者权益分类

所有者权益是投资者投入资本以后所形成的一种资金来源,无论是工业企业、商品流通企业,还是其他组织形式的企业,都可以分为以下四方面。

（一）实收资本

实收资本是指投资者实际投入企业经营活动的各种财产物资，即企业实际收到投资人投入的资本额，也称投入资本。投入资本反映了企业的不同所有者通过股权投资而形成企业的资金来源，它是企业经营的原动力，正是有了这部分资本的投入，才有了企业的存在。

（二）资本公积

资本公积是一种储备形式的资本，也称准资本金。它是投入资本本身运动的结果而非经营活动中所产生的增值，如投资者实际缴付的出资额超出其资本金的差额、法定财产重估增值等，其可以按照法定程序转化为资本金。

（三）盈余公积

盈余公积是企业按照规定从税后利润中提取的公积金，包括法定盈余公积和任意盈余公积。

1. 法定盈余公积

企业必须按当年税后利润的 10% 提取法定盈余公积，当法定盈余公积已达到注册资本的 50% 时可不再提取。盈余公积属于投资者的权益，是利润分配的一项内容。盈余公积可以用于弥补亏损，也可以用于转增资本，但转增资本后，企业的法定盈余公积一般不得低于注册资本的 25%。

2. 任意盈余公积

按企业章程规定或股东会议决议提取的盈余公积称为任意盈余公积。

（四）未分配利润

未分配利润是企业实现的利润扣除应交纳的所得税、提取盈余公积以及分配给投资者利润后的余额，是企业留于以后年度分配的利润或待分配的利润。

盈余公积和未分配利润是企业生产经营过程所形成的资本增值额，也称之为留存收益。

通过对所有者权益加以分类，不仅能清晰地反映企业内部资金的来源结构，而且能体现出利润分配政策上的限制因素。企业为了正常的生产经营，既要考虑当期的分配利润，又要兼顾扩大再生产的长远利益；既不能全额分配而导致企业后劲无力，也不能过分压缩分配利益而导致投资者对企业丧失信心。企业应当全力追求所有者权益的最大化，并正确处理在利润分配中各方之间的关系。

资产、负债与所有者权益三个要素构成一组，反映企业资产与权益的关系，形成反映一定日期财务状况的平衡公式，即：

资产 = 负债 + 所有者权益

企业作为商品生产经营者，按照所有权与经营权相分离的原则，对投资者投入的资本进行运作，最大限度地利用资金，提高资金使用效率，其经营成果体现出企业的经营业绩，反映在经营损益中，最终归属于所有者权益。因为企业是投资人所拥有的企业，投资人将资本投资于企业，既不能随意抽回，也享有最终的经营成果。

第二节　资本金与投入资本核算

一、企业法人登记与资本管理规定

我国正在通过改革公司注册资本及其他登记事项，进一步放松对市场主体准入的管制，降低准入门槛，优化营商环境，促进市场主体加快发展，激发各类市场主体创造活力，增强经济发展内生动力。目前，申请企业法人登记的单位应当具备下列条件：

（1）名称、组织机构和章程。

（2）固定的经营场所和必要的设施。

（3）符合国家规定并与其生产经营和服务规模相适应的资金数额和从业人员。

（4）能够独立承担民事责任。

（5）符合国家法律、法规和政策规定的经营范围。

其中，有符合规定数额并与经营范围相适应的注册资金，是设立法人企业必备的条件之一。

资本是经营公司的本钱。设立企业必须有资本金，即必须有一定数量的能用来抵偿风险的资金。资本金是指企业在工商行政管理部门登记的注册资本。建立资本金制度，充分体现资本保全和完整的原则，是我国资本管理的重要原则。

某些行业设立法定资本金，一是可以为企业正常经营提供必要的资本保证，二是可以为企业法人承担其责任提供必要的物质基础。

（一）资本金的筹集与股东的出资方式

企业筹集资本金的方式有：国家投资、法人投资、自然人出资等。企业必须按国家的法律、法规规定及时筹集资本。

出资方式是指为出资人（股东）投入股份的形式。股东或者发起人可以用货币出资，也可以以实物、知识产权、土地使用权等可以用货币估价并可以依法转让的非货币财产作价出资，但不得以劳务、信用、自然人姓名、商誉、特许经营权或者设定担保的财产等作价出资。

（1）货币。设立公司必然需要一定数量的货币资金，以支付创建公司时的必要开支和启动公司运营的资金。公司日常的运营离不开一定量的货币资金。

（2）实物。实物出资一般是以机器设备、原料、零部件、货物、建筑物和厂房等作为出资。

（3）无形资产。主要是指知识产权和土地使用权，经过评估作价等法定程序以后可以作为出资。

（4）其他可以用货币估价并可以依法转让的非货币财产也可以作价出资。

（二）注册资本、实收资本、投入资本的关系

从申请设立公司开始，就应当关注注册资本、实收资本、投入资本之间的区别与联系，这是资本的三种不同表现形式。

（1）注册资本是企业在工商登记机关登记的投资者认缴的出资额，也称认缴资本。企业可以自主约定注册资本总额、自主约定出资方式和货币出资比例、自主约定公司股东（发起人）缴足出资的出资期限。

（2）实收资本是指投资者按照企业章程或合同、协议的约定，实际投入企业的资本额，即实缴资本。

注册资本与实收资本不是同一概念。注册资本是认缴数，只是反映在营业执照中的一个登记数额，并非实收资本。实收资本是投资者的实际交纳数，在会计核算时，应设置"实收资本"（股份公司为"股本"）科目，用以核算实收资本的增减变动情况，反映在公司的凭证、账簿与报表之中。

（3）投入资本是指投资者实际投入公司的资本。投资者在企业注册资本的范围内作为资本实际投入企业的资金数额被称之为实收资本（资本金），超过资本金以外多投入的资本被称之为资本溢价。在国外，有些国家将其称之为"额外投入资本""超面额缴入资本"和"准资本"，我国将其称之为资本公积。

159

由于投资人投入企业的资本,是根据投资方式和投资期限一次或分批逐步投入的,因而企业的投入资本,只有在投资者的投资足额后,才等于注册资本。如果资本金总额分几次投入,在未投足前,实收资本会小于注册资本;如果实收资本超过注册资本,其差额就形成了资本公积金。所以,投入资本的核算内容是实收资本,而不是注册资本。

二、实收资本的核算

非股份制的小企业可以设置"实收资本"科目对投资者投入的资本金进行核算。"实收资本"属于所有者权益类科目,核算小企业接受投资者投入的资本。"实收资本"科目可按投资者进行明细核算。小企业(股份有限公司)的投资者投入的资本,应当将"实收资本"科目的名称改为"股本"科目。

为保障投资人的权益,贯彻资本保全原则,实收资本除投资人依法转让外,一般不得减少。在"实收资本"科目的账页第一页上端应注明注册资本额和出资比例。如果注册资本以外币计价,应在"实收资本"科目上同时注明按外币计价的实收资本额和按记账本位币计价的实收资本额,在摘要栏记载实际收到的现金和其他资产的外币金额等。

(1)小企业接受投资者投入的资本,借记"银行存款""固定资产""无形资产"等科目,贷记"实收资本"科目。

(2)根据相关规定,经投资者决议,用资本公积转增资本,借记"资本公积"科目,贷记"实收资本"科目。

按照法定程序报经批准减少注册资本的,借记"实收资本""资本公积"等科目,贷记"库存现金""银行存款"等科目。

(3)投资者按规定转让出资的,应在有关转让手续办理完毕时,将出让方所转让的投资,在投资者账户有关明细账及备查记录中转为受让方。

（4）"实收资本"科目期末贷方余额，反映小企业实收资本总额。

三、资本公积核算

资本公积是投资者投入企业、所有权归属于投资者，并且金额上超过注册资本（股本）部分的投资额。资本公积从形成来源上看，它不是由企业实现的利润转化而来的，从本质上讲应属于投入资本范畴，因而与留存收益有根本区别，留存收益是由企业实现的利润转化而来的。所以，小企业的资本公积不得用于弥补亏损。

"资本公积"属于所有者权益类科目，用于核算小企业收到投资者出资额超出其在注册资本中所占份额的部分。

（1）小企业收到投资者的出资额超过其在注册资本中所占份额的部分，应记入"资本公积"科目。

（2）根据相关规定，经投资者决议，用资本公积转增资本，借记"资本公积"科目，贷记"实收资本"科目。

（3）"资本公积"科目期末贷方余额，反映小企业的资本公积。

第三节 盈余公积核算

盈余公积是指小企业按照有关规定从净利润中提取的积累资金。小企业实现的利润在交纳所得税后，应按规定从税后利润中提取10%的法定盈余公积和一定比例的任意盈余公积。

"盈余公积"属于所有者权益类科目，核算小企业（公司制）按照法律规定从净利润中提取的盈余公积。"盈余公积"科目应当分别"法定盈余公积""任意盈余公积"进行明细核算。小企业（外商投资）还应分别"储备基金""企业发展基金"进行明细核算，小企业（中外合作经营）在合作期间归还投资者的投资，应在本科目设置"利润归还投资"明细科目进行核算。

（1）小企业(公司制)按照法律规定提取盈余公积,借记"利润分配——提取法定盈余公积、提取任意盈余公积"科目，贷记"盈余公积"（法定盈余公积、任意盈余公积）科目。

（2）小企业（外商投资）按照规定提取的储备基金、企业发展基金、职工奖励及福利基金，借记"利润分配——提取储备基金、提取企业发展基金、提取职工奖励及福利基金"科目，贷记"盈余公积"（储备基金、企业发展基金）"应付职工薪酬"科目。

（3）经股东大会或类似机构决议，用盈余公积弥补亏损或转增资本时，借记"盈余公积"科目，贷记"利润分配——盈余公积补亏""实收资本"或"股本"科目。

（4）小企业（中外合作经营）根据合同规定在合作期间归还投资者的投资，应按实际归还投资的金额，借记"实收资本——已归还投资"科目，贷记"银行存款"等科目；同时，借记"利润分配——利润归还投资"科目，贷记"盈余公积"科目。

（5）"盈余公积"科目期末贷方余额，反映小企业的盈余公积。

【例5-1】某企业用盈余公积100 000元，弥补上年亏损额。应进行账务处理如下：

　　借：盈余公积　　　　　　　　　　　　　　100 000
　　　　贷：利润分配——盈余公积补亏　　　　　　100 000

第四节 未分配利润核算

未分配利润是指小企业实现的净利润经过弥补亏损、提取盈余公积和向投资者分配利润后留存在企业的、历年结存的利润。

未分配利润属于企业所有者权益的组成内容之一。小企业出于各种考虑或者由于生产经营活动的客观需要,其年度利润可以不全部分配。另外,为了平衡各会计年度的投资报酬水平,谋求长远发展、以丰补歉,保证企业发展后劲,逐步提高职工福利水平,企业可以留出部分利润不作分配,或者将上年年末的未分配利润并入本年利润进行分配,而后再留余额转入下年等。

【例 5-2】某公司 2015 年度净利润为 800 000 元,"利润分配"科目的各个明细科目的年终余额如下:"提取盈余公积" 200 000 元,"应付利润" 500 000 元。

(1)在年终结转全年实现净利润时,应进行账务处理如下:

借:本年利润　　　　　　　　　　　　800 000
　　贷:利润分配——未分配利润　　　　　　800 000

(2)在年终结转利润分配各明细科目余额时,应进行账务处理如下:

借:利润分配——未分配利润　　　　　700 000
　　贷:利润分配——提取盈余公积　　　　200 000
　　　　　　　　——应付利润　　　　　　500 000

年度终了,在各科目结转以后,"利润分配——未分配利润"科目贷方为 800 000 元,借方为 700 000 元,借贷方相抵以后,贷方余额为

100 000元，该余额即为"未分配利润"。此余额可结转至下年，与下年度实现的利润一并进行分配。如出现借方余额则为未弥补的亏损。

第六章 收　入

第一节　收入概述

一、收入的概念和特征

收入是指小企业在日常活动中形成的、会导致所有者权益增加的、与所有者投入资本无关的经济利益的总流入，通常包括主营业务收入和其他业务收入。收入一般有以下几个显著特征：

（一）收入是小企业的日常活动中产生的经济利益流入

销售商品、提供劳务形成小企业的收入。而有些偶发的交易或事项也能为小企业带来经济利益，但不属于企业的日常活动，如出售固定资产，因固定资产是为使用而不是为出售而购入的，将固定资产出售并不是企业的经营目标，也不属于企业日常活动，出售固定资产取得的收益不作为收入核算。

（二）收入表现为资产的增加或负债的减少

收入可能表现为企业资产的增加，如增加银行存款、应收账款等；也可能表现为企业负债的减少，如以商品或劳务抵偿债务；或两者兼而有之，如在商品销售的货款中一部分抵偿债务，一部分收取现金。

由于收入能增加资产或减少负债或两者兼而有之，因此根据"资产=

负债＋所有者权益"的公式，企业取得收入一定能增加所有者权益。但收入扣除相关成本费用后的净额，则可能增加所有者权益，也可能减少所有者权益。这里仅指收入本身导致的所有者权益的增加，而不是指收入扣除相关成本费用后的毛利对所有者权益的影响。

（三）收入只包括本企业经济利益的流入

小企业为第三方或客户代收的款项，如增值税、代收利息等，一方面能增加企业的资产，另一方面会增加企业的负债。因此代收的款项不增加企业的所有者权益，也不属于小企业的经济利益，不能作为小企业的收入。

收入表明产品价值的实现，表明企业在供应、生产和销售过程中所耗费资金的收回和补偿。企业在再生产过程中能否顺利进行生产以及再生产规模能否扩大，取决于收入能否实现和实现净收入数额的大小。在市场经济条件下，每一个企业都应遵循市场经济的规律和价值规律的作用，按照产品（商品）的价格和提供劳务的收费标准实现销售，取得收入。

二、收入分类

（一）按小企业从事日常活动的性质分类

按小企业从事日常活动性质的不同，小企业的收入可以分为销售商品的收入、提供劳务的收入。

销售商品收入是指小企业通过销售商品实现的收入。这里的商品包括企业为销售而生产的产品和为转售而购进的商品。

提供劳务的收入是指小企业通过提供劳务实现的收入。主要包括小企业提供旅游、运输、饮食、广告、咨询、代理、培训、产品安装等劳务所获取的收入。

让渡资产使用权的收入是指小企业通过让渡资产使用权所取得的收入，包括利息收入和使用费收入。

（二）按小企业经营业务的主次分类

按小企业经营业务的主次不同，收入可以分为主营业务收入（基本业务收入）和其他业务收入（非主营业务收入）。

主营业务收入是指企业销售商品、提供劳务等取得的收入，其他业务收入是指销售材料、出租资产等取得的收入。

收入的项目及其分类如图6-1所示。

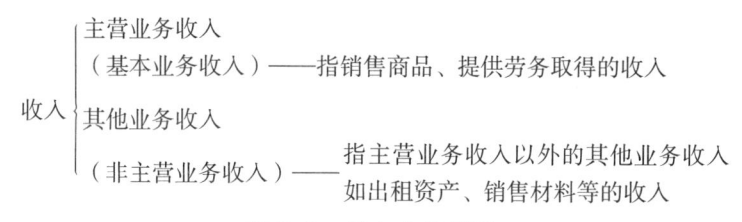

收入 ┤ 主营业务收入（基本业务收入）——指销售商品、提供劳务取得的收入
其他业务收入（非主营业务收入）——指主营业务收入以外的其他业务收入 如出租资产、销售材料等的收入

图6-1 收入分类简图

三、销售商品收入确认的条件

销售商品收入是指小企业通过销售商品实现的收入。小企业确认销售收入有两个最直接的标志：一是物权的转移，表现为发出商品；二是收到货款或取得收款的权利，同时满足这两个条件时可以确认收入。也就是说，小企业应当在发出商品且收到货款或取得收款权利时，确认销售商品收入。

具体情况与确认条件如下：

（1）销售商品采用托收承付方式的，在办妥托收手续时确认收入。

（2）销售商品采取预收款方式的，在发出商品时确认收入。

（3）销售商品需要安装和检验的，在购买方接受商品以及安装和检验完毕时确认收入。如果安装程序比较简单，可在发出商品时确认收入。

（4）销售商品采用支付手续费方式委托代销的，在收到代销清单时确认收入。

（5）销售商品以旧换新的，销售的商品作为商品销售处理，回收的商品作为购进商品处理。

四、提供劳务收入确认的条件

小企业提供劳务的收入是指小企业从事建筑安装、修理修配、交通运输、仓储租赁、咨询经纪、文化体育、科学研究、技术服务、教育培训、餐饮住宿、中介代理、卫生保健、社区服务、旅游、娱乐、加工以及其他劳务服务活动取得的收入。

同一会计期间内开始并完成的劳务，应当在提供劳务交易完成且收到款项或取得收款权利时，确认主营业务收入或其他业务收入。主营业务收入或其他业务收入的金额通常为从接受劳务方已收或应收的合同或协议价款。

劳务的开始和完成分属不同会计期间的，可以按完工进度或完成的工作量确认主营业务收入或其他业务收入。资产负债表日，按照提供劳务收入总额乘以完工进度，扣除以前会计期间累计已确认提供劳务收入后的金额，确认主营业务收入或其他业务收入。同时，按照提供劳务估计总成本乘以完工进度，扣除以前会计期间累计已确认劳务成本后的金额，结转主营业务成本或其他业务成本。

如果小企业与其他企业签订的合同或协议包括销售商品和提供劳务时，销售商品部分和提供劳务部分能够区分且能够单独计量的，应当将销售商品的部分作为销售商品处理，将提供劳务的部分作为提供劳务处理。

销售商品部分和提供劳务部分不能区分，或虽能区分但不能单独计量的，应当作为销售商品处理。

第二节 主营业务收入核算

为了反映小企业主营业务收入的增减变动情况，应当设置"主营业务收入"科目，用以核算小企业确认的销售商品（或提供劳务）等主营业务的收入。"主营业务收入"科目可按照主营业务的种类进行明细核算。

小企业销售商品（或提供劳务）实现的收入，应当按实际收到或应收的金额，借记"银行存款""应收账款"等科目；按照增值税专用发票上注明的增值税额，贷记"应交税费——应交增值税（销项税额）"科目；按照确认的营业收入，贷记"主营业务收入"科目。

在确定小企业销售商品收入的金额时，应注意区分商业折扣和现金折扣。现金折扣是指小企业为了尽快回笼资金而发生的理财费用。销售方的现金折扣在实际发生时直接计入当期财务费用。小企业应按实际收到的金额，借记"银行存款"等科目；按应给予的现金折扣，借记"财务费用"科目；按应收的账款，贷记"应收账款""应收票据"等科目。

发生销货退回（不论是属于本年度还是属于以前年度销售的）时，借记"主营业务收入"科目；按实际支付或应退还的金额，贷记"银行存款""应收账款"等科目。

期（月）末，可将"主营业务收入"科目的余额转入"本年利润"科目，结转后该科目应无余额。

现以一般纳税人企业为例，结合不同的结算方式与情况，分别说明销售收入的账务处理。

（一）采用支票等结算方式的销售

采用支票、汇兑、银行汇票、银行本票以及委托收款方式的销售，当产品已经发出就可以收回货款或者取得收取货款的权利时，应作为销售实现。借记"银行存款"科目或"应收账款"科目，贷记"主营业务收入""应交税费"科目。

【例6-1】碧林实业有限责任公司销售A产品300件，该产品单位售价50元，货款共计15 000元，开出增值税专用发票，应收取的增值税额为2 550元，该公司收到转账支票当即送存银行。应进行账务处理如下：

借：银行存款　　　　　　　　　　　　　　　17 550
　　贷：主营业务收入——A产品　　　　　　　15 000
　　　　应交税费——应交增值税（销项税额）　2 550

（二）采用商业汇票结算方式的销售

采用商业汇票的结算方式销售产品，当产品已经发出，收到购货方交来的商业汇票（商业承兑汇票或银行承兑汇票）时，即作为销售，借记"应收票据"科目，贷记"主营业务收入""应交税费"科目。

（三）采用托收承付结算方式的销售

采用托收承付的结算方式销售产品，产品发出在办妥托收手续后，应视作销售实现，借记"应收账款"科目，贷记"主营业务收入"科目和"应交税费"科目。

【例6-2】碧林实业有限责任公司按照合同向外地某公司发出B产品250件，该产品单位售价30元，计货款7 500元，适用增值税税率17%。

（1）商品发运后，根据开出的增值税专用发票等向银行办妥托收手续。应进行账务处理如下：

借：应收账款——××公司　　　　　　　　　8 775
　　贷：主营业务收入——B产品　　　　　　　7 500

应交税费——应交增值税（销项税额） 1 275

（2）在收到银行转来的"收款通知"时，应进行账务处理如下：

借：银行存款 8 775

　　贷：应收账款——××公司 8 775

（四）采用分期收款结算方式的销售

分期收款销售是指商品已经交付，但货款分期收回的一种销售方式。在分期收款销售方式下，企业应按合同约定的收款日期分期确认收入。同时，可按商品全部销售成本与全部销售收入的比率计算出本期应结转的销售成本。

小企业如采用分期收款方式销售商品的，按合同约定开出销售发票是确认收入的重要标志。在每期销售实现（收取货款）时，按本期应收（或已收）的货款金额，借记"应收账款""银行存款"等科目；按实现的营业收入，贷记"主营业务收入"科目；按专用发票上注明的增值税额，贷记"应交税费——应交增值税（销项税额）"科目。

（五）代销商品

代销商品应分别以下情况确认收入。

1. 视同买断

视同买断方式，是指由委托方和受托方签订协议，委托方按协议价收取所代销商品的货款，实际售价可由受托方自定，实际售价与协议价之间的差额归受托方所有的销售方式。在这种销售方式下，委托方在交付商品时不确认收入，受托方也不作为购进商品处理。受托方将商品销售后，应按实际售价确认为销售收入，并向委托方开具代销清单。委托方收到代销清单时，再确认收入。

小企业委托代销发出的商品作为委托代销商品处理，借记"发出商品"科目，贷记"库存商品"等科目。收到受托单位的代销清单，按代销清单上注明的已销商品货款的实现情况，按应收的款项，借记"应收账款""应收票据"等科目；按实现的收入，贷记"主营业务收入"科目，按应交的增值税销项税额，贷记"应交税费——应交增值税（销项税额）"科目。

受托单位销售的委托代销商品收入的实现及账务处理，与本企业商品对外销售收入的实现及账务处理相同。

2.收取手续费

收取手续费方式，是指受托方根据所代销的商品数量向委托方收取手续费的销售方式。在这种代销方式下，委托方应在受托方将商品销售后，并向委托方开具代销清单时，确认收入；受托方在商品销售后，按应收取的手续费确认收入。

小企业委托代销发出的商品作为委托代销商品处理，借记"发出商品"科目，贷记"库存商品"等科目。收到受托单位的代销清单，按代销清单上注明的已销商品货款的实现情况，按应收的款项，借记"应收账款""应收票据"等科目；按实现的收入，贷记"主营业务收入"科目；按应交的增值税销项税额，贷记"应交税费——应交增值税（销项税额）"科目；按应支付的代销手续费，借记"销售费用"科目，贷记"应收账款"等科目。受托单位销售的委托代销商品，按收到的款项，借记"银行存款"等科目；按应付委托单位的代销款项，贷记"应付账款"科目；按应交的增值税销项税额，贷记"应交税费——应交增值税（销项税额）"科目；按可抵扣的增值税进项税额，借记"应交税费——应交增值税（进项税额）"科目，贷记"应付账款"等科目。归还委托单位的货款并计算代销手续费，按应付的金额，借记"应付账款"等科目；按应收取的手续费，贷记"主营业务收入"科目或"其他业务收入"科目；按其差额，贷记"银行存款"科目。

（六）销售退回的核算

销售退回是指企业售出的商品，由于质量、品种不符合要求等原因而发生的退货。销售退回应当分别情况进行处理。

（1）未确认收入的已发出商品的退回，按照记入"发出商品"等科目的金额，借记"库存商品"科目，贷记"发出商品"科目。采用计划成本或售价核算的，应按计划成本或售价记入"库存商品"科目，并计算成本差异或商品进销差价。

（2）已确认收入的销售商品退回，一般情况下直接冲减退回当月的销售收入、销售成本等。企业发生的销售退回，按应冲减的收入，借记"主营业务收入"科目；按允许扣减当期销项税额的增值税额，借记"应交税费——应交增值税（销项税额）"科目；按已付或应付的金额，贷记"银行存款""应付账款"等科目；按退回商品的成本，借记"库存商品"账户，贷记"主营业务成本"科目。如果该项销售已发生现金折扣，应在退回当月一并处理。

（七）结转主营业务收入的核算

企业在月内实现的主营业务收入，在月终时应将其全部转入"本年利润"科目，以便计算确定企业的盈余情况。在结转时，借记"主营业务收入"科目，贷记"本年利润"科目。

第三节　其他业务收入核算

为了反映小企业其他业务收入的增减变动情况，应当设置"其他业务收入"科目，用以核算小企业确认的除主营业务活动以外的其他经营活动实现的收入，包括出租固定资产、出租无形资产、出租包装物和商品、销售材料等实现的收入。"其他业务收入"科目可按其他业务收入种类进行明细核算。

小企业确认的其他业务收入，借记"银行存款""其他应收款"等科目，贷记"其他业务收入"等科目。

期（月）末，可将"其他业务收入"科目余额转入"本年利润"科目，结转后本科目应无余额。

【例6-3】南方公司销售材料一批，货款计300元，适用增值税税率17%，款项已通过银行收妥入账。应进行账务处理如下：

  借：银行存款   351
    贷：其他业务收入   300
      应交税费——应交增值税（销项税额） 51

第四节　政府补助与递延收益核算

一、政府补助的概念与特点

政府补助是指小企业从政府无偿取得货币性资产或非货币性资产。在实际工作中，政府补助的形式主要有财政拨款、财政贴息、税收返还和无偿划拨非货币性资产等。例如，对粮、棉、油等生产或储备企业给予的定额补助等。

政府补助在会计处理上应当划分为与资产相关的政府补助和与收益相关的政府补助。政府补助主要是对企业特定产品由于非市场因素导致的价格低于成本的一种补偿，所以通常情况下政府补助表现为与收益相关的补助。与资产相关的政府补助最终也是与收益相关，只是暂时作为递延收益处理,在相关资产形成、投入使用并提取折旧或摊销时从递延收益转入当期损益。

政府补助一般具有以下几方面的特征:

1. 无偿性

这是政府补助的基本特征。政府并不因此享有企业的所有权,企业将来也不需要偿还政府补助。

政府补助区别于政府作为企业所有者投入的资本。政府如以企业所有者身份向企业投入资本,将拥有企业相应的所有权,分享企业利润。在这种情况下,政府与企业之间的关系是投资者与被投资者的关系,属于互惠交易。这与其他单位或个人对企业的投资在性质上是一致的。所以,政府补助不包括政府作为企业所有者投入的资本。

政府补助通常也是附有一定的条件,这与政府补助的无偿性并无矛盾,并不表明该项补助有偿,而是企业经法定程序申请取得政府补助后,应当按照政府规定的用途使用该项补助。

2. 直接取得资产

政府补助是企业从政府直接取得的资产,包括货币性资产和非货币性资产,形成企业的收益。比如,企业取得政府拨付的货币补助,采用先征后返(退)、即征即退等办法返还的税款等。

【例6-4】丙企业生产一种先进的模具产品,按照国家相关规定,该企业的这种产品适用增值税先征后返政策,即先按规定征收增值税,然后按实际交纳增值税额返还70%。2017年2月,该企业实际交纳增值税额20万元。2017年3月,该企业实际收到返还的增值税额14万元,应进行账务处理如下:

借:银行存款　　　　　　　　　　　　　140 000
　　贷:营业外收入　　　　　　　　　　　　　140 000

不涉及资产直接转移的经济支持不属于政府补助核算规范的对象，如政府与企业间的债务豁免，除税收返还外的税收优惠（如直接减征、免征、增加计税抵扣额、抵免部分税额）等。

增值税出口退税也不属于政府补助。根据相关税收法规规定，对增值税出口货物实行零税率，即对出口环节的增值部分免征增值税，同时退回出口货物前道环节所征的进项税额。由于增值税是价外税，出口货物前道环节所含的进项税额是抵扣项目，体现为企业垫付资金的性质。增值税出口退税实质上是政府归还企业事先垫付的资金，不属于政府补助。

政府补助为货币性资产的，应当按照收到或应收的金额计量。

政府补助为非货币性资产的，政府提供了有关凭据的，应当按照凭据上标明的金额确认为营业外收入；政府没有提供有关凭据的，应当按照同类或类似资产的市场价格确认营业外收入。

当小企业能够满足政府补助所附条件，同时能够收到政府补助时，应当计入营业外收入。

二、递延收益核算

与资产相关的政府补助通常用于购买固定资产或无形资产的财政拨款、固定资产专门借款的财政贴息等，一般应当分步处理。

（1）企业实际收到款项时，按照到账的实际金额计量，确认资产（银行存款）和递延收益。

（2）企业将政府补助用于购建长期资产。该长期资产的购建与企业正常的资产购建或研发处理一致，通过"在建工程""研发支出"等科目归集，完成后转为固定资产或无形资产。

（3）该长期资产交付使用。自长期资产可供使用时起，按照长期资产的预计使用期限，将递延收益平均分摊转入当期损益。①递延收益分配的起点是"相关资产可供使用时",对于应计提折旧或摊销的长期资产,即为资产开始折旧或摊销的时点。②递延收益分配的终点是"资产使用寿命结束或资产被处置时(孰早)"。相关资产在使用寿命结束时或结束前被处置(出售、转让、报废等),尚未分摊的递延收益余额应当一次性转入资产处置当期的收益,不再予以递延。为了核算小企业确认的应在以后期间计入当期损益的政府补助,应当设置"递延收益"科目,"递延收益"科目可按相关项目进行明细核算。

小企业收到政府补助不符合政府补助确认条件的,借记"银行存款"科目,贷记"递延收益"科目。

小企业在以后期间符合政府补助确认条件时,借记"递延收益"科目,贷记"营业外收入"科目。

"递延收益"科目期末贷方余额,反映企业应在以后期间计入当期损益的政府补助。

第七章 费　用

第一节　费用概述

一、费用的概念和特征

费用是指小企业在日常活动中发生的，会导致所有者权益减少的，与向所有者分配利润无关的经济利益的总流出。

小企业在生产加工过程中的主要经济业务是发生的各种费用，主要包括材料耗费、动力耗费、人工耗费、机器设备的磨损、其他耗费等。小企业发生的各项费用中，为一定种类、一定数量的产品所支出的费用，称为计入制造成本的费用，即构成产品的生产成本。凡企业在生产经营过程中不受产量或工作量增减变化所影响，而由当期损益负担的费用，被称为期间费用。期间费用按其发生的阶段和范围又分为销售费用、管理费用和财务费用。随着各种生产费用的发生，小企业的资金逐渐由储备资金、固定资金和货币资金形态转化为生产资金形态。随着产品的完工和验收入库，企业的资金由生产资金形态转化为成品资金形态。

与收入相对应，费用的主要特征表现在以下方面。

（1）费用是小企业日常活动中的经济利益流出。小企业在销售商品、提供劳务等日常活动中所发生的费用是会导致经济利益流出企业，通常要形成产品或劳务成本。

就制造业而言，费用是在以货币计量的生产经营过程中发生的、应计入本期产品成本或由本期收益补偿的消耗。企业在生产经营过程中发生的耗费，从构成内容上来说，有原材料、燃料、动力、工资、折旧费、销售费用、管理费用、财务费用及其他支出等。这些消耗在用途上有的直接用于产品生产，构成产品成本中的直接材料、直接人工、其他直接费用等；有的用于组织管理车间生产而构成制造费用；有的服务于销售过程而构成销售费用；有的用于企业行政管理部门而构成管理费用；有的为筹集资金而构成财务费用等。

（2）费用表现为资产的减少或负债的增加。费用可以表现为资产的减少，如耗用存货；也可能引起负债的增加，如负担利息；或者同时表现为资产的减少和负债的增加。

根据"资产=负债+所有者权益"的会计等式，费用一定会导致所有者权益的减少。小企业经营管理中的某些支出，并不减少所有者权益，也就不构成费用。例如，小企业以银行存款偿还一项负债，只是一项资产和一项负债的等额减少，对所有者权益没有影响，因此不构成企业的费用。

二、费用确认的基本原则

费用的实质是资产的耗费，但并不是所有的资产耗费都是费用，因此，就需明确什么样的资产耗费应确认为费用。由于发生费用的目的是为了取得收入，那么费用的确认就应当与收入确认相联系。因此，确认费用应当正确划分收益性支出与资本性支出，按照权责发生制要求和配比原则进行核算。

（一）正确划分收益性支出与资本性支出

收益性支出指受益期不超过1年或一个营业周期的支出，即发生该项支出是仅仅为了取得本期收益；资本性支出是指受益期超过1年或一个营业周期的支出，即发生该项支出不仅是为了取得本期收益，而且是为了取得以后各期收益。

在费用核算中，首先将资本性支出与收益性支出加以区分，将收益性支出记入费用科目，作为当期损益列入利润表；将资本性支出计入资产科目，作为资产列入资产负债表。前者称为支出费用化；后者称为支出资本化。资本化的支出随着每期对资产的耗费，按照受益原则和耗费比例通过转移、折旧和摊销等方法，逐渐转化为费用。

收益性支出是成本费用核算的主要内容。在收益性支出中需要正确划分成品成本与期间费用的界限。小企业在生产产品或提供劳务过程中发生的耗费，应由产品或劳务负担。期间费用不应由产品或劳务负担，不计入产品或劳务成本，而直接计入当期损益。

（二）以权责发生制作为核算基础

按照权责发生制，凡是本期已经发生或应当负担的费用，无论其款项是否已经收付，都应作为当期费用处理；凡是不属于当期的费用，即使款项已经在当期收付，都不应作为当期费用。权责发生制明确了费用确认与计量方面的要求，解决费用何时予以确认及确认多少等问题。

核算时要善于依据权责发生制和受益原则划清各期产品成本的界限。某项耗费是否应计入本月存货成本以及应计入多少，取决于是否应由本月负担以及受益量的大小。某项耗费是否应计入本月产品成本，不取决于成本金额的大小，而取决于本月产品是否受益，只要是本月产品受益的耗费，就应计入本期产品成本；只要是由本月与以后各月共同受益的耗费，就应在相关期限内采用适当方法进行合理计量。

（三）配比原则的具体应用

按照配比原则，为产生当期收入所发生的费用，应当确认为该期的费用，即当收入已经实现时，某些资产（如物料用品）已被消耗，或已被出售（如商品），以及劳务已经提供（如专设的销售部门人员提供的劳务），已被耗用的这些资产和劳务的成本，应当在确认有关收入的期间予以确认。如果收入要到未来期间实现，相应的费用应递延分配于未来的实际受益期间。

费用是成本的基础，没有发生费用就不会形成成本。但费用、生产费用、计入本月产品成本的生产费用、完工产品成本、在产品成本等不是同一概念。

三、费用的分类

为了正确计算成本，必须首先划清费用的界限。对于企业的各种开支，应先划清资本性支出与收益性支出的界限。资本性支出是指企业为了取得受益期在1年以上的资产和劳务而发生的支出，如购置固定资产和无形资产的支出。这些支出只能在受益期间，通过折旧或摊销的形式逐步转入费用。如果某一项支出，是为了取得本期收益而发生的，如企业为获取收入而提供商品、产品或劳务而发生的生产费用，为销售产品而发生的销售费用等，应根据收入与费用的配比原则，列入当期的费用或成本。在收益性支出中，为了正确计算产品成本，还应当划清制造成本、期间费用与营业外支出的界限，如固定资产盘亏、处理固定资产净损失、非常损失等。这些支出与生产和经营无关，故不能计入制造成本和期间费用。经过以上划分以后，又可以将计入成本与费用的各种支出分为直接费用、间接费用和期间费用。

关于费用的划分详见图7-1所示。

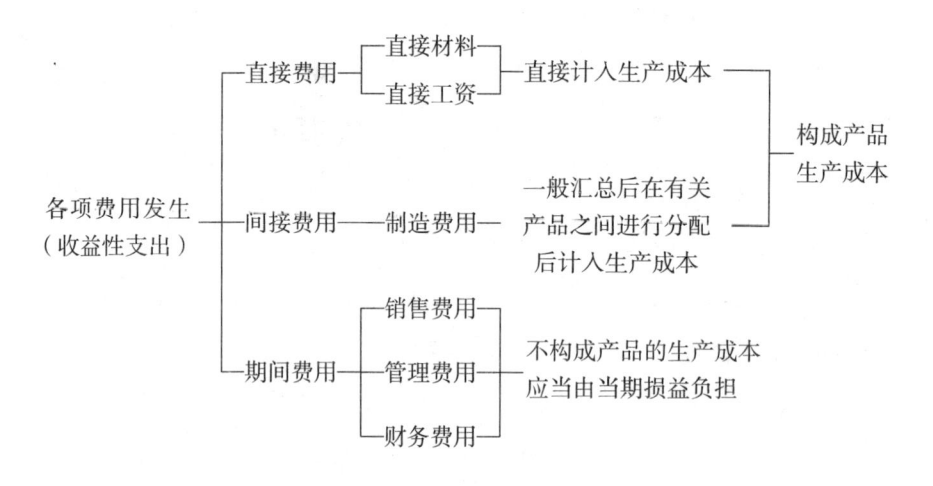

```
                              ┌─直接材料─┐
                    ┌─直接费用─┤         ├─直接计入生产成本─┐
                    │         └─直接工资─┘                  │
                    │                                        ├─构成产品
                    │                        ┌─一般汇总后在有关─┤  生产成本
各项费用发生 ──────┼─间接费用───制造费用──┤ 产品之间进行分配 │
（收益性支出）     │                        └─后计入生产成本──┘
                    │         ┌─销售费用─┐
                    └─期间费用┤─管理费用├─不构成产品的生产成本
                              └─财务费用┘  应当由当期损益负担
```

图 7-1 费用分类简图

（一）直接计入生产、经营成本的直接费用

小企业为销售商品、提供劳务等发生的可归属于商品成本、劳务成本的费用，应当在确认主营业务收入或其他业务收入时，将已销售商品、已提供劳务的成本计入主营业务成本或其他业务成本。

在工业企业中，直接计入企业生产、经营成本的费用包括生产中实际消耗的直接材料、直接人工和其他直接费用等。在商品流通企业中，直接计入成本的费用只包括商品进价。其中：

直接材料主要是指直接用于生产产品（提供劳务）所消耗的各种材料，它包括生产过程中实际消耗的原材料、辅助材料、备品配件、外购半成品、燃料、动力、包装物及其他材料。

直接人工主要是指直接用于生产产品（提供劳务）的工资，它包括企业直接从事产品生产（提供劳务）人员的工资、奖金、津贴和补贴等。

商品进价主要是指商品进货的原价，即商品流通企业为取得商品而支付给供货单位的商品的全部价款，它包括国内购进商品进价或原价，国外购进商品进价及应分摊的外汇差价和进口环节的各种税金;委托其他单位代理进口商品,支付给代理单位的全部价款;收购农副产品支付的收购价款和税金等。

直接材料、直接人工和其他直接费用构成了工业企业产品生产成本的直接成本;已实现销售收入的商品进价构成了商品流通企业商品的销售成本。

(二)分配计入生产、经营成本的间接费用

分配计入企业生产经营成本的费用主要指制造费用。制造费用是指企业为生产产品和提供劳务而发生的各项间接费用,它包括企业内部的各个生产单位(分厂、车间等)为组织和管理生产所发生的生产单位管理人员的工资和福利费、折旧费、修理费、办公费、水电费、机物料消耗、劳动保护费、季节性和修理期间的停工损失等。制造费用应按一定的分配标准分配计入生产经营成本。

直接材料、直接人工、其他直接费用和制造费用构成工业企业产品的制造成本。本期制造成本应在本期完工产品成本及期末在产品成本之间进行分配。实现销售的产品的制造成本即为销售成本,应在当期销售收入中获得补偿。

(三)直接计入当期损益的期间费用

在企业生产经营过程中发生的费用,有的与产品生产、商品取得及劳务提供没有数量上的直接联系,如企业管理费用、财务费用、销售费用等。为了及时、准确地反映企业经营情况,这些费用不应计入生产、经营成本,而应作为期间费用,分别单独核算,直接计入当期损益。直接计入当期损益的费用具体包括:

为了归集和分配上述费用,在会计核算上应设置"生产成本""制造费用""销售费用""财务费用""管理费用""所得税费用"等成本费用类科目。

四、成本核算设置的主要会计科目

(一) 生产成本

"生产成本"科目用以核算小企业进行工业性生产发生的各项生产成本,包括生产各种产品(产成品、自制半成品等)、自制材料、自制工具、自制设备等。

小企业对外提供劳务发生的成本,可将"生产成本"科目改为"劳务成本"科目,或单独设置"劳务成本"进行核算。

"生产成本"科目可按基本生产成本和辅助生产成本进行明细核算。

(1)小企业发生的各项直接生产成本,借记"生产成本"科目(基本生产成本、辅助生产成本),贷记"原材料""库存现金""银行存款""应付职工薪酬"等科目。

各生产车间应负担的制造费用,借记"生产成本"科目(基本生产成本、辅助生产成本),贷记"制造费用"科目。

(2)辅助生产车间为基本生产车间、小企业管理部门和其他部门提供的劳务和产品,可在月度终了按照一定的分配标准分配给各受益对象,借记"生产成本"(基本生产成本)、"销售费用"、"管理费用"(其他业务成本)、"在建工程"等科目,贷记"生产成本"科目(辅助生产成本)。

(3)小企业已经生产完成并已验收入库的产成品以及入库的自制半成品,可于月度终了,借记"库存商品"等科目,贷记"生产成本"科目(基本生产成本)。

(4)"生产成本"科目期末借方余额,反映小企业尚未加工完成的在产品成本。

（二）制造费用

"制造费用"科目用以核算小企业生产车间（部门）为生产产品和提供劳务而发生的各项间接费用。

小企业行政管理部门为组织和管理生产经营活动而发生的管理费用，在"管理费用"科目核算，不在"制造费用"科目核算。

"制造费用"科目可按不同的生产车间、部门和费用项目进行明细核算。

（1）生产车间发生的机物料消耗和固定资产修理费，借记"制造费用"科目，贷记"原材料""银行存款"等科目。

（2）发生的生产车间管理人员的工资等职工薪酬，借记"制造费用"科目，贷记"应付职工薪酬"科目。

（3）生产车间计提的固定资产折旧，借记"制造费用"科目，贷记"累计折旧"科目。

（4）生产车间支付的办公费、水电费等，借记"制造费用"科目，贷记"银行存款"等科目。

（5）发生季节性的停工损失，借记"制造费用"科目，贷记"原材料""应付职工薪酬""银行存款"等科目。

（6）将制造费用分配计入有关的成本核算对象，借记"生产成本——基本生产成本、辅助生产成本"等科目，贷记"制造费用"科目。

（7）季节性生产小企业制造费用全年实际发生额与分配额的差额，除其中属于为下一年开工生产做准备的可留待下一年分配外，其余部分实际发生额大于分配额的差额，借记"生产成本——基本生产成本"科目，贷记"制造费用"科目；实际发生额小于分配额的差额，做相反的会计分录。

除季节性的生产性小企业外，"制造费用"科目期末应无余额。

当小企业各类费用发生时，应将发生的各项要素费用分别记入各成本费用科目，汇集起来，然后按照直接配比、间接配比和期间配比等不同方式形成的计算结果在有关资产、负债与费用成本等科目中进行结转。

第二节 成本核算

一、成本核算的目的

成本核算的目的是提供真实可靠的成本信息资料，从而为管理决策服务。

为了加强企业产品成本核算工作，保证产品成本信息真实、完整，促进企业和经济社会的可持续发展，根据《中华人民共和国会计法》《企业会计准则》等国家有关规定，财政部于 2013 年 8 月 16 日以财会〔2013〕17 号印发《企业产品成本核算制度（试行）》，自 2014 年 1 月 1 日起在除金融保险业以外的大中型企业范围内施行，鼓励其他企业执行。

企业产品成本核算既是企业的一项重要会计工作，也是企业的一项重要管理活动。制定成本制度是规范和加强企业产品成本核算的一项重要制度安排，对于加强企业内部管理、提高竞争力具有重要意义，也是不断完善企业会计准则体系，推进管理会计体系建设的一项重要任务。

成本核算应当满足以下四方面的要求。

（1）为改善决策服务。成本核算应当向管理当局提供许多重要信息，帮助其做出较好的决策。例如，产品定价、自制和外购的选择、项目评价等。

（2）有利于计划、控制和业绩评价。在预算编制过程中，可靠的成本信息是预算质量的保证。通过预算成本和实际成本的比较，分析差异，才能达到控制目的。

（3）用于衡量资产和收益。编制财务报表要使用存货成本和已销产品成本信息，这些成本信息是股东、债权人和税务当局所需要的。所以，成本核算必须按照会计准则的要求来报告。

（4）可以确定应补偿的金额。有些销售价格以成本为定价基础，为了确定价格需要计算产品成本，如有的产品订货合同经常使用成本加成法来定价；有些咨询费可以按成本节约额的一定比率收取；有些公用事业收费以成本增加为提价依据，如此等等。

不同的目的需要不同的成本信息。一个特定的成本计算系统，应尽可能同时满足多方面的需要。如果不能同时满足多种需要，就需要在管理会计系统中提供补充的成本信息。

产品成本是企业生产耗费的综合表现，是产品价格的基本部分，在产品价格不变的条件下，产品成本的高低决定着产品的利润水平。因此，通过增收节支、挖潜增盈，达到不断降低产品成本、提高经济效益的目的，就成了小企业会计核算的重要任务。

二、成本核算应当划清的费用界限

（一）正确划分应计入产品成本和不应计入产品成本的费用界限

小企业的经营活动是多方面的，因而企业耗费和支出的用途也是多方面的，并非所有耗费和支出都可以计入成本的，按规定只有对象化了的费用可以计入产品成本。

（1）非生产经营活动的耗费不能计入产品成本。小企业应当明确成本开支范围，规定哪些费用可以列入生产经营成本，哪些费用不能列入生产经营成本。只有生产经营活动的成本才可能计入产品成本，而筹资活动和投资活动不属于生产经营活动，它们的耗费不能计入产品成本，应计入筹资成本和投资成本。有人会误以为凡是耗费都可以计入产品成本，这种认识是错的。

下列与生产经营活动无关的耗费不能计入产品成本：对外投资的支出、耗费和损失；对内长期资产投资的支出、耗费和损失，包括有价证券的销售损失、固定资产出售损失和报废损失等；捐赠支出；各种筹资费用，包括应计利息、贴现费用、证券发行费用等。

（2）营业外支出不能计入产品成本。小企业生产经营活动的成本分成正常的成本和非正常的成本，只有正常的生产经营活动成本才可能计入产品成本，非正常的经营活动成本不计入产品成本而应计入营业外支出。非正常的经营活动成本包括灾害损失、盗窃损失等非常损失；滞纳金、违约金、罚款、损害赔偿等赔偿支出等。

（3）期间费用不能计入产品成本。正常的生产经营活动费用还可以被分为产品成本和期间成本。正常的为制造产品发生的料、工、费属于生产成本，可以计入产品成本。而销售费用、管理费用、财务费用列为期间费用，由当前损益负担。

（二）正确划分各会计期成本的费用界限

应计入生产经营成本的费用，还应在各月之间进行划分，以便分月计算产品成本。应由本月产品负担的费用，应全部计入本月产品成本；不应由本月负担的生产经营费用，则不应计入本月的产品成本。

为了正确划分会计期的费用界限，要求企业不能提前结账，将本月费用作为次月费用处理；也不能延后结账，将次月费用作为本月费用处理。

（三）正确划分不同成本对象的费用界限

对于应计入本月产品成本的费用还应在各种产品之间进行划分：凡是能分清应由某种产品负担的直接成本，应直接计入该产品成本；各种产品共同发生、不易分清应由哪种产品负担的间接费用，则应采用合理的方法分配计入有关产品的成本，并保持一贯性。

制造成本（生产成本）是指产品在制造过程中所发生的各项成本。为了具体地反映计入产品生产成本的生产费用的各种用途，还应进一步将其划分为若干项目，即产品生产成本项目，简称产品成本项目或成本项目。如制造企业一般设置直接材料、燃料和动力、直接人工和制造费用等成本项目。

（1）直接材料，是指构成产品实体的原材料以及有助于产品形成的主要材料和辅助材料。

（2）燃料和动力，是指直接用于产品生产的燃料和动力。

（3）直接人工，是指直接从事产品生产的工人的职工薪酬。

（4）制造费用，是指企业为生产产品和提供劳务而发生的各项间接费用，包括企业生产部门（如生产车间）发生的水电费、固定资产折旧、无形资产摊销、管理人员的职工薪酬、劳动保护费、国家规定的有关环保费用、季节性和修理期间的停工损失等。

成本分配方法有直接追溯法、动因追溯法和分摊法之分。直接追溯法依赖于可实际观察的因果关系，因而其结果最准确；动因追溯法是依赖于成本动因将成本分配至各个成本对象，其准确性次之；分摊法具有操作简单性和低成本等优点，但是准确程度并不高。

某项费用发生后，其用途往往不止一个，生产的产品不止一种，成本计算的对象也不止一个。这样，该项费用发生后，往往不能直接地、全部地记入反映某一个对象的明细科目，而需要把这项费用在几个对象之间进行分配。

费用的分配原则是"谁耗费，谁负担"或者"谁受益，谁负担"。例如，材料费用一般可以按产品的重量、体积或定额消耗量进行分配，人工费用可以按工时进行分配，等等。费用要素的分配就是将各种费用要素的发生额合理分配给各个成本计算对象。在选择适当的分配方法时，既要考虑分配标准与分配费用的关联度，又要考虑分配标准资料取得途径的难易程度，这样才能保证分配结果的合理性和计算的简便性。常用的分配标准简要介绍如下。

一是成果类：如产品的重量、体积、产量、产值。

二是消耗类：如生产工时、生产工人工资、机器工时、原材料消耗量等。

三是定额类：如原材料定额消耗量、定额费用等。

四是成本动因类：如批次、机器台时、检验时间等。成本动因是指引起成本发生的原因，是采用作业成本法的前提。

间接费用分配公式如下：

费用分配率＝待分配费用总额÷分配标准总额

某分配对象应分配的费用＝该对象分配标准额×费用分配率

选择分配标准存在一定的主观性，所以应当选择比较客观、科学的标准来对费用进行分配，以比较真实地反映一定对象所实际发生的消耗情况。某一种标准一旦被选定，不要轻易变更，否则就违反了一致性原则，因为分配标准的不同，也会人为地造成计算出来的成本不一样。

（四）正确划分完工产品和在产品成本的界限

月末计算产品成本时，如果某产品已经全部完工，则计入该产品的全部生产成本之和，就是该产品的"完工产品成本"；如果这种产品全部尚未完工，则计入该产品的生产成本之和，就是该产品的"月末在产品成本"；如果某种产品既有完工产品又有在产品，已计入该产品的生产成本还应在完工产品和在产品之间分配，以便分别确定完工产品成本和在产品成本。

无论是完工产品还是月末在产品，其成本分配都必须按成本项目进行，也就是说，各项目的成本都应分别在完工产品与月末在产品之间进行划分。

但在某些情况下，如果产品中的直接材料成本项目在全部成本中所占的比重很大，且月末在产品数量较少，则可以根据重要性原则，仅仅将全部成本项目中的直接材料成本在完工产品与在产品之间进行划分，而其他成本项目（如直接人工、制造费用）则全部由完工产品成本承担，这样可简化成本核算工作。

三、生产成本汇集与分配的一般程序

费用核算的中心环节是生产成本。生产成本是生产车间生产产品所发生的各项费用，其成本核算是否真实、准确，直接关系到企业损益情况是否真实和准确，其核算过程涉及生产成本的汇集与分配，其一般程序可归纳如下。

（一）直接材料费用的汇集与分配

根据存货核算提供的"发出材料汇总表"的记录与计算，凡直接用于基本生产车间产品生产的材料费用（包括各种原料及主要材料、辅助材料、燃料、包装物、低值易耗品、外购半成品、自制半成品等），应直接记入"生产成本——基本生产成本"科目及计入各成本计算对象的成本计算单，列入"直接材料"成本项目；凡为几种产品共同耗用的，应按一定的标准（如产品的重量、体积、面积）或定额比例等在各种产品之间分配计入。

（二）直接人工费用的汇集与分配

计件工资和计时工资中的直接人工（指为生产某种产品而发生的生产人员的工资），应直接记入"生产成本——基本生产成本"科目及计入各成本计算对象的成本计算单，列入"直接人工"成本项目。对于几种产品共同发生的生产人员的计时工资费用，应按各产品生产工人的工资比例或生产工人的工时比例分配计入各产品成本计算单。

（三）辅助生产车间费用的汇集与分配

企业的辅助生产车间（如供水、供电、供汽、机修、运输等）是为基本生产车间、企业管理部门和其他部门提供劳务和产品服务的。平时发生的直接材料、直接人工以及分配转入的制造费用，应先记入"生产成本——辅助生产成本"科目；月末，应按照一定的分配标准和方法（如直接分配法、顺序分配法、一次交互分配法、代数分配法等），分配给受益对象，借记"生产成本——基本生产成本"等科目，贷记"生产成本——辅助生产成本"科目。

（四）制造费用的汇集与分配

小企业为生产产品和提供劳务而发生的各项间接费用，平时应当汇集在"制造费用"科目中。到了月末，应当按照小企业成本核算办法的规定，分配计入有关的成本核算对象，借记"生产成本"（基本生产成本、辅助生产成本）科目，贷记"制造费用"科目。

制造费用可以按生产工人工资、按生产工人工时、按机器工时比例分配，也可以按耗用原材料的数量或成本、按直接成本、按产品产量等方式分配。具体采用哪种分配方法，由小企业自行决定。制造费用的分配方法一经确定，不得随意变更；如需变更，应当在财务报表附注中予以说明。

（五）生产成本的汇集与分配

通过上述各项费用的汇集与分配，本期应计入生产成本的费用均已记入"生产成本"科目，并已分配汇集到各种产品成本计算单（基本生产明细账）上。

根据基本生产明细账的记录，将本期费用与期初在产品成本相加，得到各产品的费用合计数，减去各产品的期末在产品成本后，其差额为产成品成本（完工产品成本）。即

本期完工产品成本 = 期初在产品成本 + 本期生产费用 − 期末在产品成本

到了月末，企业生产的产品可以有以下三种情况出现。

一是产品已全部完工，产品成本明细账中归集的生产费用（如果有月初在产品，还包括月初在产品费用）之和，就是该完工产品的成本。

二是如果当月全部产品都没有完工，产品成本明细账中归集的生产费用之和，就是该种在产品的成本。

三是如果既有完工产品又有在产品，产品成本明细账中归集的生产费用之和，应在完工产品和月末在产品之间采用适当的分配方法，进行生产费用的归集和分配，以计算完工产品和月末在产品的成本，具体可分以下三种情况：

（1）先确定月末在产品成本，然后确定完工产品成本。这种方法是指先采用一定的方法对月末在产品进行计价，然后将汇总的基本生产总成本减去月末在产品成本，就可以计算出完工产品总成本。其具体方法有：在产品按年初数计价法、在产品按定额成本计价法和在产品不计价法等。

（2）先确定完工产品成本，然后确定月末在产品成本。这种方法是先用历史成本、计划成本或定额成本对完工产品进行计算，然后根据生产费用总额减去完工产品成本，倒算出月末产品成本。

（3）同时确定完工产品成本与月末在产品成本。该方法是按照一定比例在完工产品和月末在产品之间进行分配，同时求得完工产品成本和月末在产品成本。具体方法有约当产量法、定额比例法等。

小企业常用的完工产品成本及未完工产品成本计算法如下：

（1）约当产量法。约当产量即月末在产品的实际数量按其完工程度折算为相当于完工产品的数量。

（2）定额耗用量比例法。即将各种产品成本按完工产品定额耗用量和在产品定额耗用量的比例分别成本项目计算划分完工产品和在产品成本的方法。

（3）在产品定额成本扣除法。定额成本是根据消耗定额资料对各加工步骤的在产品和完工产品确定的单位定额成本。

（六）成本计算方法的恰当选用

小企业应当根据生产特点，选择适合本企业的成本核算对象、成本项目和成本计算方法。

（1）品种法。按产品品种组织成本计算，适用于大量大批单步骤生产。

（2）分批法。按批别产品组织成本计算，适用于单件小批生产的企业及企业新产品试制、大型设备修造等。

（3）分步法。按产品在加工过程中的步骤组织成本计算，适用于大量大批连续式多步骤生产企业。分步法又分为逐步结转分步法和平行结转分步法。逐步结转分步法是指按照产品生产加工的先后顺序，逐步结转产品生产成本，直至最后一个步骤算出产成品成本。平行结转分步法是指按照各步骤归集所发生的成本费用，最后从各步骤一起将应计入产成品成本的份额结转出来，再汇总计算产成品成本。

（4）分类法。按照类别产品汇集生产费用，计算出各类产品的总成本，然后将总成本按一定标准在该类产品的各种产品间进行分配，计算出各种产品成本。另类法适用于产品品种、规格繁多，并且可以按一定标准将产品划分为若干类别的制造企业。

在实际工作中，由于情况错综复杂，各个企业实际采用的成本计算方法往往不只是某一种方法。例如，一个企业的各个车间，一个车间的各种产品，它们的生产特点和管理要求并不相同，这就要求在一个企业或车间中同时采用几种不同的方法。即便是一种产品，由于它们的各个生产步骤、各种半成品或者各个成本项目，以及它们的生产特点或管理要求也可能有所不同，因而在计算一种产品成本时，也可能将几种方法结合起来应用。

小企业计算出完工产品成本后，应按产成品入库单等凭证，结转产成品成本，借记"库存商品"科目，贷记"生产成本——基本生产成本"科目。月末，根据已销产品数量计算已销产品成本后，应借记"主营业务成本"科目，贷记"库存商品"科目。

四、主营业务成本核算

主营业务成本是指小企业销售商品、提供劳务等经常性活动所发生的成本。小企业应当设置"主营业务成本"科目，用以核算小企业确认销售商品、提供劳务或让渡资产使用权等日常活动而发生的实际成本。"主营业务成本"科目可按主营业务的种类进行明细核算。

（1）期（月）末，小企业可根据本期（月）销售各种商品（或提供各种劳务）等实际成本，计算应结转的主营业务成本，借记"主营业务成本"科目，贷记"库存商品""生产成本"等科目。

（2）本期（月）发生的销售退回，可以直接从本月的销售数量中减去，得出本月销售的净数量，然后计算应结转的销售成本，也可以单独计算本月销售退回成本，借记"库存商品"等科目，贷记"主营业务成本"科目。

（3）期（月）末，可将"主营业务成本"科目的余额转入"本年利润"科目，结转后"主营业务成本"科目则无余额。

小企业可以根据具体情况，采用先进先出法、加权平均法、移动加权平均法、个别计价法等方法，确定销售商品等的实际成本。确定销售商品的方法一经确定，不得随意变更。如需变更，应当在财务报表附注中予以说明。

小企业采用售价核算库存商品的，平时的销售成本按售价结转，月度终了，计算并结转本月销售商品应分摊的进销差价，将已销商品的售价调整为进价。

【例7-1】碧林实业有限责任公司本月份"主营业务成本"科目核算

的 A、B 主营业务成本合计为 21 075 元，其中：A 产品为 11 325 元，B 产品为 9 750 元。月终，全部转入"本年利润"科目，应进行账务处理如下：

借：本年利润　　　　　　　　　　　　　　21 075
　　贷：主营业务成本——A 产品　　　　　　11 325
　　　　主营业务成本——B 产品　　　　　　 9 750

五、其他业务成本核算

其他业务成本是指小企业确认的除主营业务活动以外的其他经营活动发生的支出。小企业应当设置"其他业务成本"科目，用以核算小企业确认的除主营业务活动以外的其他经营活动所发生的支出，包括销售材料的成本、出租固定资产的折旧额、出租无形资产的摊销额、出租包装物的成本或摊销额、发生的相关税费等。"其他业务成本"科目可按其他业务成本的种类进行明细核算。

小企业发生的其他业务成本，借记"其他业务成本"科目，贷记"原材料""包装物""累计折旧""无形资产""应交税费""银行存款"等科目。

期（月）末，可将"其他业务成本"科目余额转入"本年利润"科目，结转后本科目无余额。

第三节　期间费用核算

期间费用是指小企业日常活动发生的不能计入特定核算对象的成本，而应计入发生当期损益的费用。期间费用是小企业日常活动中发生的经济利益的流出，具体包括销售费用、财务费用和管理费用。

一、销售费用的核算

销售费用是指小企业销售商品和材料、提供劳务过程中发生的各种费用。小企业应当设置"销售费用"科目，用以核算小企业销售商品和材料（或提供劳务）的过程中发生的各种费用，通常包括保险费、包装费、展览费和广告费、商品维修费、装卸费等。"销售费用"科目可按费用项目进行明细核算。

（1）小企业在销售商品过程中发生费用时，借记"销售费用"科目，贷记"库存现金""银行存款"等科目。

（2）期（月）末，可将"销售费用"科目余额转入"本年利润"科目，结转后本科目无余额。

【例7-2】碧林实业有限责任公司以银行存款支付A产品销售时的外包装费用100元，应进行账务处理如下：

借：销售费用　　　　　　　　　　　　　　100
　　贷：银行存款　　　　　　　　　　　　　100

二、财务费用的核算

财务费用是指小企业为筹集生产经营所需资金等而发生的筹资费用。小企业应当设置"财务费用"科目用以核算小企业为筹集生产经营所需资金发生的筹资费用，包括利息支出（减利息收入）、汇兑损失、银行相关的手续费等。"财务费用"科目可按费用项目进行明细核算。

小企业为购建固定资产在竣工决算前发生的借款费用，应当计入固定资产的成本，而不计入财务费用。

（1）小企业发生的财务费用，借记"财务费用"科目，贷记"银行存款""应付利息"等科目。

（2）发生的应冲减财务费用的利息收入等，借记"银行存款"等科目，贷记"财务费用"科目。

（3）期（月）末，可将"财务费用"科目余额转入"本年利润"科目，结转后本科目应无余额。

【例7-3】碧林实业有限责任公司本月应预提银行借款利息1 183元。应进行账务处理如下：

借：财务费用——利息支出　　　　　　　　1 183
　　贷：应付利息　　　　　　　　　　　　　　1 183

三、管理费用的核算

管理费用是指小企业为组织和管理企业生产经营发生的各种费用。小企业应当设置"管理费用"科目，用以核算小企业发生的除主营业务成本、营业税金及附加、其他业务成本、销售费用、财务费用、营业外支出外的其他费用，包括小企业在筹建期间内发生的开办费、行政管理部门在经营管理中发生的费用（包括行政管理部门职工薪酬、物料消耗、固定资产折旧、修理费、办公费和差旅费等）、聘请中介机构费、咨询费（含顾问费）、诉讼费、业务招待费等。"管理费用"科目可按费用项目进行明细核算。

小企业（商品流通）管理费用不多的，可不设置本科目。"管理费用"科目的核算内容可并入"销售费用"科目核算。

（1）小企业在筹建期间内发生的开办费，包括人员薪酬、办公费、培训费、差旅费、印刷费、注册登记费以及不计入固定资产成本的借款费用等在实际发生时，借记"管理费用"科目（开办费），贷记"银行存款"等科目。

（2）行政管理部门人员的职工薪酬，借记"管理费用"科目，贷记"应付职工薪酬"科目。

（3）行政管理部门计提的固定资产折旧和发生的修理费，借记"管理费用"科目，贷记"累计折旧""银行存款"等科目。

（4）发生的办公费、水电费、业务招待费、聘请中介机构费、咨询费、诉讼费、技术转让费、排污费等，借记"管理费用"科目，贷记"银行存款"等科目。

（5）期（月）末，可将"管理费用"科目的余额转入"本年利润"科目，结转后本科目无余额。

【例7-4】碧林实业有限责任公司本月以现金报销采购员差旅费计122元。应进行账务处理如下：

借：管理费用——差旅费　　　　　　　　　122
　　贷：库存现金　　　　　　　　　　　　　　　122

第八章 利 润

第一节 利润概述

一、利润概念

利润是指小企业在一定会计期间的经营成果。利润包括收入减去费用后的净额、直接计入当期利润的利得和损失等。

其中，利得是指由小企业非日常活动所形成的，会导致所有者权益增加的，与所有者投入资本无关的经济利益的流入。损失是指由小企业非日常活动发生的，会导致所有者权益减少的，与向所有者分配利润无关的经济利益的流出。

正确分配企业的收入与利润，就是要正确处理与投资者、与企业、与职工等方面的经济利益关系，既要保证积累和消费的适当比例，使消费与生产发展相适应，又要使权限、责任、效果、利益有机结合，使眼前利益与长远利益相结合，从而最大限度地调动各方面的积极性。

小企业应当按照有关规定，及时、足额地上交税费等应交款项，这是小企业对国家应尽的义务，必须认真履行，拖欠和挪用应上交的款项属于违法行为。

二、利润的计算公式

由于利润是某一会计期间的收入和同一期间与之相联系的费用相配比之后的差额,这一差额反映出劳动者为社会劳动所创造的新价值。收入、费用与利润三个要素构成一组动态数据,从动态方面来反映企业的经营效果。

小企业一般应当按月计算利润总额,按月计算利润总额有困难的,可以按季或者按年计算利润总额。

小企业利润的计算过程可以反映出利润的来源与分布。利润有关的计算公式简要介绍如下。

1. 营业利润

营业利润 = 营业收入 - 营业成本 - 营业税金及附加 - 销售费用 - 管理费用 - 财务费用 + 投资收益

其中,营业收入是指小企业经营业务所确认的收入总额,包括主营业务收入和其他业务收入。

营业成本是指小企业经营业务所发生的实际成本总额,包括主营业务成本和其他业务成本。

2. 利润总额

利润总额 = 营业利润 + 营业外收入 - 营业外支出

其中,营业外收入是指小企业发生的与其日常活动无直接关系的各项利得。营业外支出是指小企业发生的与其日常活动无直接关系的各项损失。

3. 净利润

净利润 = 利润总额 - 所得税费用

其中,所得税费用是指小企业确认的应从当期利润总额中扣除的所得税费用。

净利润在按法定程序提取盈余公积金后就是可供分配的利润，减去应分配给投资者的利润以后留存下来的就是未分配利润。

小企业一旦出现亏损，可以当年净利润弥补以前年度亏损，剩余的税后利润，可用于向投资者进行分配。

第二节　利润核算

一、利润的计算

小企业一定时期内取得的收入遵循配比的要求与其相应的成本费用相抵后的差额即为企业在当期的财务成果。

【例8-1】碧林实业有限责任公司本月份主营业务收入为42 350元，其他业务收入为800元，投资收益为6 400元。主营业务成本为21 075元，营业税金及附加为200元，其他业务成本为650元，销售费用为600元，管理费用为1 142元，财务费用为983元。

主营业务利润=42 350–21 075=21 275（元）

其他业务利润=800–650=150（元）

营业利润=21 075+150+6 400–600–1 142–983=24 900（元）

小企业通过自身的经营行为，应当保持营业利润为正数才好。

小企业实现的利润一部分要以所得税的形式上交国家，形成财政收入；另一部分即税后利润，要按规定的程序在各方面进行合理分配。通过利润分配，一部分资金要退出企业，一部分会重新投入小企业的生产经营过程中，开始新的资金循环。

二、投资收益的核算

投资收益包括对外投资分得的利润（股利）及债券利息、投资到期收回或者中途转让取得款项高于账面价值的差额。投资净收益是指投资收益扣除投资损失后的净额。

投资损失包括投资到期收回或者中途转让取得款项低于账面价值的差额等。

为了反映小企业对外投资收益和投资损失的情况，应当设置"投资收益"科目，"投资收益"科目可按投资项目进行明细核算。

（1）对于短期股票投资、短期基金投资和长期股权投资，小企业应当按照被投资单位宣告发放的现金股利或利润中属于本企业的部分，借记"应收股利"科目，贷记"投资收益"科目。

处置短期投资或长期股权投资时，应当按照实际收到的金额，借记"银行存款"等科目；按照其账面余额，贷记"短期投资"或"长期股权投资"科目；按照尚未领取的现金股利或利润，贷记"应收股利"科目；按照其差额，贷记或借记"投资收益"科目。

（2）小企业在持有短期债券投资和长期债券投资期间，月度终了，按照分期付息、一次还本的长期债券投资或短期债券投资的票面利率计算的利息收入，借记"应收利息"科目，贷记"投资收益"科目；按照一次还本付息的长期债券投资票面利率计算的利息收入，借记"长期债券投资——应计利息"科目，贷记"投资收益"科目。

（3）小企业出售短期投资、处置长期股权投资和长期债券投资，应当按照实际收到的价款或收回的金额，借记"银行存款"或"库存现金"科目；按该项短期投资、长期股权投资或长期债券投资的账面余额，贷记"短期投资""长期股权投资""长期债券投资"科目；按照尚未领取的债券利息，贷记"应收利息"科目；按照其差额，贷记或借记"投资收益"科目。

（4）期（月）末，可将"投资收益"科目余额转入"本年利润"科目，"投资收益"科目结转后应无余额。

【例8-2】碧林实业有限责任公司对A公司投资，按成本法核算，已收到股利3 500元。应进行账务处理如下：

  借：银行存款　　　　　　　　　　　　　　　3 500
   贷：投资收益——A公司　　　　　　　　　　3 500

三、营业外收支的核算

（一）营业外收入的核算

营业外收入，是指小企业非日常生产经营活动形成的，应当计入当期损益，会导致所有者权益增加，与所有者投入资本无关的经济利益的净流入。小企业应当设置"营业外收入"科目核算小企业营业外收入的取得及结转情况。"营业外收入"科目可按营业外收入项目进行明细核算。小企业的营业外收入包括：捐赠收益、盘盈收益、汇兑收益、出租包装物和商品的租金收入、逾期未退包装物押金收益、确实无法偿付的应付款项、已作坏账损失处理后又收回的应收款项、违约金收益等。通常，小企业的营业外收入应当在实现时按照其实现金额计入当期损益。

（1）小企业因出售、转让、报废、毁损等原因处置固定资产，应当按照该项固定资产的净值，清理过程中应支付的相关税费及其他费用，记入"固定资产清理"科目。固定资产清理完成后，如为借方余额，借记"营业外支出"科目；如为贷方余额，则贷记"营业外收入"科目。

（2）确认的政府补助收入，借记"银行存款"或"递延收益"科目，贷记"营业外收入"科目。

（3）期（月）末，应将"营业外收入"科目余额转入"本年利润"科目，结转后本科目无余额。

【例 8-3】碧林实业有限责任公司收到捐赠款 200 元，该款已存入银行。应进行账务处理如下：

借：银行存款　　　　　　　　　　　　　　200
　　贷：营业外收入——捐赠收益　　　　　　　200

例如，碧林实业有限责任公司处理旧机器 1 台，处理后的净收益为 1 600 元。应进行账务处理如下：

借：固定资产清理　　　　　　　　　　　1 600
　　贷：营业外收入——处理固定资产收益　　1 600

再如，月末，碧林实业有限责任公司将"营业外收入"科目的贷方余额 1 800 元转入"本年利润"科目。应进行账务处理如下：

借：营业外收入　　　　　　　　　　　　1 800
　　贷：本年利润　　　　　　　　　　　　　1 800

（二）营业外支出的核算

营业外支出，是指小企业非日常生产经营活动发生的，应当计入当期损益，会导致所有者权益减少，与向所有者分配利润无关的经济利益的净流出。小企业应当设置"营业外支出"科目核算营业外支出的取得及结转情况。"营业外支出"科目可按营业外支出项目进行明细核算。小企业的营业外支出包括：存货的盘亏、毁损、报废损失，以及非流动资产处置净损失、坏账损失、无法收回的长期债券投资损失，无法收回的长期股权投资损失、自然灾害等不可抗力因素造成的损失、税收滞纳金、罚金、罚款、被没收财物的损失、捐赠支出、赞助支出等。

通常，小企业的营业外支出应当在发生时按照其发生额计入当期损益。期（月）末，可将"营业外支出"科目余额转入"本年利润"科目，结转后本科目无余额。

第三节 所得税费用核算

一、所得税费用科目

把所得税作为费用处理,是贯彻配比原则的要求。配比原则是指营业收入应当与其相对应的成本、费用相互配比。而所得税是企业要取得收入所必须花费的代价(费用支出),没有收入自然也不必花费这笔费用支出。因此,把所得税作为企业的费用支出处理,符合收入与费用配比的原则。所得税是国家依法对企业的应纳税所得额课征的税,它具有强制性、无偿性和固定性,无论国家对企业是否有投资(即无论国家是否是企业的投资者),只要企业有所得,均应依法纳税。

按照《小企业会计准则》的要求,企业应在损益类科目中设置"所得税费用"科目,用以核算小企业根据税法规定确认的应从当期利润总额中扣除的所得税费用。

小企业按照税法规定计算确定的当期应交所得税,借记"所得税费用"科目,贷记"应交税费——应交所得税"科目。

年度终了,应将"所得税费用"科目的余额转入"本年利润"科目,结转后本科目无余额。

二、应付税款法

应付税款法是指将本期税前会计利润与纳税所得额之间的差异所造成

的影响纳税的金额直接计入当期损益，而不递延到以后各期。其特点是当期计入损益的所得税数额等于当期的应纳所得税，直接借记"所得税费用"科目，贷记"应交税费——应交所得税"科目，即当期"所得税费用"科目列支的数额等于当前"应交税费——应交所得税"科目列支的数额，两者之间无差额。

小企业应采用应付税款法核算所得税，对于税前会计利润与纳税所得之间差异的处理，通过按税法的规定对税前会计利润进行调整来解决。

【例8-4】某企业2015年全年利润总额（税前会计利润）为103万元，本年收到的国库券利息收入为3万元，所得税税率为25%，假设本年内无其他纳税调整因素。

按照税法的有关规定，企业购买国库券取得的利息收入免交所得税，即在计算纳税所得额时，可将其扣除，但企业在进行会计核算时，已将其利息收入作为投资收益计入利润总额中（即计入了税前会计利润），因此，企业在计算纳税所得额时，应进行相应的调整。应进行如下账务处理：

纳税调整数为已计入税前会计利润但应从纳税所得额中扣除的国库券利息收入3万元，即：应纳税所得额=103-3=100（万元）

应纳所得税=100×25%=25（万元）

小企业核算应交所得税时，计入"所得税费用"和"应交税费——应交所得税"科目的金额都是250 000元，实际上交所得税时，减少"应交税费——应交所得税"科目250 000元。

三、所得税纳税调整分析

小企业应当在利润总额的基础上，按照税法规定进行适当纳税调整，计算出当期应纳税所得额，按照应纳税所得额与适用所得税税率计算确定当期应交所得税金额。

（一）所得与收入差异分析

"所得"是税法上的专有名词之一，它与会计上的"收入"既有联系又有区别，但不是同一概念。

所得在我国《企业所得税法》中具有特定的内涵与外延。所得的内涵为应税收入，包括以货币形式和非货币形式取得的收入。所得的外延包括销售货物所得、提供劳务所得、转让财产所得、股息红利等权益性投资所得、利息所得、租金所得、特许权使用费所得、接受捐赠所得和其他所得。其中，其他所得又包括企业资产溢余所得、逾期未退包装物押金所得、确实无法偿付的应付款项、已作坏账损失处理后又收回的应收款项、债务重组所得、补贴所得、违约金所得、汇兑收益等。

所得不是企业的全部收入，因为还存在着不征税收入和免税收入等。例如，财政部门发行的国债利息收入，符合条件的居民企业之间的股息、红利等权益性投资收益为免税收入。

（二）税前扣除费用与成本费用差异分析

企业的应税收入总额进行法定扣除之后的余额才依法予以征税，但必须提请注意的是，不是会计凭证与会计账簿中记录的已经发生的所有的成本费用都是可以税前扣除的。

计算应纳税所得额时准予扣除项目的具体内容如下：

（1）成本。成本是指企业在生产经营活动中发生的销售成本、销货成本、业务支出以及其他耗费。

（2）费用。费用是指企业在生产经营活动中发生的销售费用、管理费用和财务费用，已经计入成本的有关费用除外。

（3）税金。税金是指企业发生的除企业所得税和允许抵扣的增值税以外的各项税金及其附加。在我国目前的税收体系中，允许税前扣除的税收种类主要有消费税、资源税和城市维护建设税、教育费附加以及房产税、车船税、耕地占用税、城镇土地使用税、车辆购置税、印花税等。企业所得税、允许抵扣的增值税，是不允许税前扣除的。

（4）损失。损失是指企业在生产经营活动中发生的固定资产和存货的盘亏、毁损、报废损失以及转让财产损失、呆账损失、坏账损失、自然灾害等不可抗力因素造成的损失以及其他损失。企业发生的损失，应按照减除责任人赔偿和保险赔款后的余额扣除。

（5）其他支出。其他支出是指除成本、费用、税金、损失外，企业在生产经营活动中发生的与生产经营活动有关的、合理的支出。

上述企业发生的、准予税前扣除的支出，必须是与取得收入有关的、合理的支出，并且税前扣除的确认上应遵循权责发生制原则、配比原则、相关性原则、确定性原则、合理性原则等。

又由于企业所发生的有关的、合理的支出，一般也会给企业带来相应经济利益的流入，所以，考虑真实性、相关性和合理性是企业所得税税前扣除的基本条件。

此外，现行税法还有一些特别的规定，如企业发生的与生产经营活动有关的业务招待费支出，只能按照发生额的60%扣除，但最高不得超过当年销售营业收入的5‰。

【例8-5】某公司2015年实现销售收入2 000万元，假定发生的与企业生产经营活动有关的业务招待费8万元，问应如何计算税前扣除的数额？如果发生的业务招待费为20万元，税前扣除的数额又是多少呢？

如果当年的业务招待费为8万元，则：

2 000×5‰=10（万元），

8×60%=4.8（万元）

因为，10＞4.8，所以，只能在税前扣除4.8万元。

如果当年的业务招待费为20万元，则：

2 000×5‰=10（万元）， 20×60%=12（万元）

因为，10＜12 所以，只能在税前扣除 10 万元。

（三）应纳税所得额与利润总额分析

应纳税所得额与会计上的"利润总额"既有联系又有区别,不是同一概念。

应纳税所得额是企业所得税的计税依据。企业每一纳税年度的收入总额，减除不征税收入、免税收入、各项扣除以及允许弥补的以前年度亏损后的余额，为应纳税所得额。

应纳税所得额可以采用直接计算法和间接计算法求得。

1. 直接计算法

在直接计算法下，企业每一纳税年度的收入总额减除不征税收入、免税收入、各项扣除以及允许弥补的以前年度亏损后的余额为应纳税所得额。计算公式为：

应纳税所得额 = 收入总额 − 不征税收入 − 免税收入 − 各项扣除金额 − 允许弥补的以前年度亏损

2. 间接计算法

在间接计算法下，是在会计利润总额的基础上加或减按照税法规定调整的项目金额后，即为应纳税所得额。计算公式为：

应纳税所得额 = 会计利润总额 ± 纳税调整项目金额

纳税调整项目金额包括两方面的内容：一是税收规定范围与会计规定不一致的应予以调整的金额；二是税法规定扣除标准与会计规定不一致的应予以调整的金额。

在一个盈利的企业中，应纳税所得额大部分可能来源于企业的利润，在税收政策与会计规定差异不大的情况下，应纳税所得额与利润总额之间的差异也不会很大。但是，在税收政策与会计规定差异很大的情况下，应纳税所得额与利润总额可能差异很大，甚至可能出现利润总额为负数的企业，其应纳税所得额为正数的情况，这种情况下也需要交纳企业所得税。

从目前税收政策与会计规定差异不断出现的情况来看，应纳税所得额与利润总额相等的情况是偶然的，而不相等可能是必然的。从理论上分析，应纳税所得额与利润总额肯定不是同一概念。

（四）应纳税额

如果说应纳税所得额是企业所得税的计算依据，那么，应纳税额就是企业所得税的计算结果（标的）。应纳税所得额乘以适用的所得税税率，减除依照税收优惠的规定减免和抵免的税额后的余额就是应纳税额，即

应纳税额 = 应纳税所得额 × 适用税率 − 减免税额 − 抵免税额

应纳税额应当包括企业以应纳税所得额为基础计算的各种境内和境外税额。

目前，大多数企业采用间接计算法计算应纳税所得额和应纳税额，其计算与调整过程如图 8–1 所示。

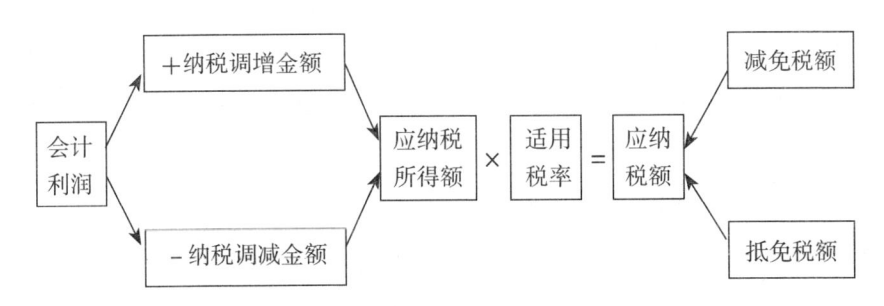

图 8–1 应纳税额的调整过程

上述公式中的减免税额和抵免税额，是指依照《企业所得税法》和国务院的税收优惠规定减征、免征和抵免的应纳税额。

例如，企业购置用于环境保护、节能节水、安全生产等专用设备的投资额，可以按一定的比例实行税额抵免。税额抵免是指企业购置并实际使用《环境保护专用设备企业所得税优惠目录》《节能节水专用设备企业所得税优惠目录》和《安全生产专用设备企业所得税优惠目录》规定的环境保护、节能节水、安全生产等专用设备的，该专用设备的投资额的10%可以从企业当年的应纳税额中抵免；当年抵免不足的，可以在以后5个纳税年度结转抵免。

在经济领域中，会计和税收是两个不同的分支。同一企业在同一会计期间按照会计方法计算的收益和按照税法规定计算的纳税所得额之间会产生差异。于是，就要求企业按照税法规定对某一会计期间的会计收益进行调整和反映。所得税会计就是为了调整会计收益和纳税所得额之间的差异而产生的。

所得税会计主要内容来自于两方面：一是会计核算中的税务问题，即在会计收益的基础上，如何依据税收政策的规定调整应税所得，进而确定应纳税款，正确履行纳税义务；二是税务事项中的会计核算问题，即在调整会计收益的基础上，如何正确反映会计政策与税收政策的差异，当存在不同的纳税方案可供选择的情况下，如何通过包括会计核算在内的各种会计处理方法进行税务筹划，降低税收负担。

四、本年利润核算

小企业应设置"本年利润"科目核算本年度实现的净利润（或发生的净亏损）。"本年利润"属于所有者权益类科目，月度终了结转利润时，小企业可以将"主营业务收入""其他业务收入""营业外收入"科目的余额转入"本年利润"科目，借记"主营业务收入""其他业务收入""营业外收入"科目，贷记"本年利润"科目；将"主营业务成本""营业税

第八章 利 润

金及附加""其他业务成本""销售费用""财务费用""管理费用""营业外支出"科目的余额转入"本年利润"科目，借记"本年利润"科目，贷记"主营业务成本""营业税金及附加""其他业务成本""销售费用""财务费用""管理费用""营业外支出"科目；将"投资收益"科目的贷方余额转入"本年利润"科目，借记"投资收益"科目，贷记"本年利润"科目，如为借方余额，则做相反的会计分录。

结转后，"本年利润"科目的贷方余额为当期实现的净利润；借方余额为当期发生的净亏损。

年度终了，应当将本年收入和支出相抵后结出的本年实现的净利润，转入"利润分配"科目，借记"本年利润"科目，贷记"利润分配——未分配利润"科目；如为净亏损，则做相反的会计分录。结转后本科目应无余额。

【例8-6】碧林实业有限责任公司结转本月份主营业务收入42 350元、主营业务成本21 075元、营业税金及附加200元、其他业务收入800元、其他业务成本650元、销售费用600元、管理费用1 142元、财务费用983元、投资收益6 400元、营业外收入1 800元、营业外支出1 600元。应进行账务处理如下：

（1）借：主营业务收入　　　　　　　　　　42 350
　　　　其他业务收入　　　　　　　　　　　 800
　　　　投资收益　　　　　　　　　　　　 6 400
　　　　营业外收入　　　　　　　　　　　 1 800
　　　　贷：本年利润　　　　　　　　　　51 350
（2）借：本年利润　　　　　　　　　　　26 250
　　　　贷：主营业务成本　　　　　　　　21 075
　　　　　　营业税金及附加　　　　　　　　 200

其他业务成本	650
销售费用	600
管理费用	1 142
财务费用	983
营业外支出	1 600

第四节 利润分配核算

一、利润分配核算的规定

企业实现的利润，按照国家的规定进行相应调整后，应先交纳所得税；交纳所得税后的利润，称为净利润（即税后利润）。

公司分配当年税后利润时，应当提取利润的10%列入公司法定盈余公积。公司法定盈余公积累计额为公司注册资本的50%以上的，可以不再提取。

公司从税后利润中提取法定盈余公积后，经股东会或者股东大会决议，还可以从税后利润中提取任意盈余公积。

公司弥补亏损和提取盈余公积后的税后利润可以向股东分配利润，但在公司弥补亏损和提取法定盈余公积之前向股东分配利润的，股东必须将违反规定分配的利润退还公司。

二、利润分配核算方法

为了如实反映和监督企业历年积累的未分配利润的情况，小企业应设置"利润分配"总分类科目。"利润分配"属于所有者权益类科目,核算小企业利润的分配(或亏损的弥补)和历年分配(或弥补)后的余额,可按"提取法定盈余公积""应付利润""未分配利润"等进行明细核算。

(1)小企业按照法律规定提取盈余公积,借记"利润分配——提取法定盈余公积"科目,贷记"盈余公积——法定盈余公积"科目。

(2)根据相关规定,经投资者决议,小企业分配给投资者的利润,借记"利润分配——应付利润"科目,贷记"应付利润"科目。

(3)年度终了,小企业应当将本年实现的净利润,自"本年利润"科目转入"利润分配"科目,借记"本年利润"科目,贷记"利润分配——未分配利润"科目;为净亏损的,则做相反的会计分录。同时,将"利润分配——应付利润"科目的余额转入"利润分配——未分配利润"科目。结转后,"利润分配"科目除"未分配利润"明细科目外,其他明细科目应无余额。

(4)"利润分配"科目年末余额,反映小企业的未分配利润(或未弥补亏损)。

【例8-7】碧林实业有限责任公司按当月净利润19 700元的10%的比例提取法定盈余公积1 970元,应进行账务处理如下:

借:利润分配——提取法定盈余公积　　　　1 970
　　贷:盈余公积——法定盈余公积　　　　　　1 970

第九章 财务报表

第一节 财务报表概述

一、财务报表的组成内容

在信息社会中,谁掌握的信息越充分、越及时、越有效,谁就能在竞争中掌握主动权。尤其是小微企业,为了取得竞争优势,更应当结合自身的经营特点和财务状况,知己知彼,通过优化业务流程,建立财务和业务一体化的信息处理系统,实现财务、业务相关信息实时共享,并充分发挥出财务信息和财务分析的积极作用。

小企业在日常经营活动过程中所发生的各种各样的经济业务,通过会计核算的确认、计量,记录在会计凭证之上,反映在会计账簿之中。但是,会计凭证、账簿上的记录是分散的、局部的,它所提供的会计信息,不能集中反映企业在一定时期内经营活动和财务收支的全貌,所以,企业就需要定期对日常的会计记录加以整理汇总编制成能够总括反映企业财务状况、经营成果和现金流量的财务报表。

财务报表是指对小企业财务状况、经营成果和现金流量的结构性表述。小企业的财务报表至少应当包括下列组成部分。

（1）资产负债表。资产负债表是指反映小企业在某一特定日期的财务状况的会计报表。

（2）利润表。利润表是指反映小企业在一定会计期间的经营成果的会计报表。

（3）现金流量表。现金流量表是指反映小企业在一定会计期间现金流入和流出的报表。

（4）附注。附注是指对在资产负债表和利润表等报表中列示项目的文字描述或明细资料，以及对未能在这些报表中列示项目的说明等。

我国《小企业会计准则》明确规定小企业（包括小型企业和微型企业）应当按月和按年编制资产负债表、利润表、现金流量表等主要报表、附表和附注。小企业财务报表名称及其编报期如表9-1所示。

表 9-1 小企业财务报表种类

编　号	报表名称	编报期
会小企 01 表	资产负债表	月报
会小企 02 表	利润表	月报
会小企 03 表	现金流量表	年报

二、财务报表的作用

编制财务报表是会计核算的一个专门方法，它把账簿中的资料加以归纳整理，形成一种书面的报告形式，从而既全面又概括地反映出企业在一定时期内的财务状况及其经营成果，以进一步发挥会计的核算和监督作用。正因为财务报表所提供的经济信息与其他会计资料相比，具有更集中、更概括、更系统和更带有条理性的特点，所以财务报表具有其他会计资料无法替代的作用。

（1）财务报表可以定期、全面、综合地反映企业生产经营和财务的状况，考核、分析财务成本计划的执行情况，提供系统的信息资料，是企业领导、所有者和债权人进行各项决策的重要依据。

（2）财务报表可以向银行、税务、财政等部门以及投资者、债权人等提供所需的会计资料，用来检查、了解和监督企业的贷款使用、税款交纳和财经纪律的执行情况，以便及时采取措施，促使企业严格按照有关法规、制度和政策办事。

（3）财务报表可以为企业经济预测、编制近期和长远计划提供重要依据。财务报表应当完整地反映企业的生产经营情况及其成果，不能残缺不全，不能设账外账，更不能故意隐瞒、遗漏。

编制财务报表，既是对会计核算工作的全面总结，也是及时提供合法、真实、准确、完整的会计信息的重要环节。实际工作中存在的会计信息失真的问题，在很大程度上是在编制财务报表时有意违纪或犯技术性差错造成的。因此，小企业必须严格按照财务报表的编制程序和质量要求编制。

三、财务报表编制前的操作规范

财务报表应当根据真实的交易或事项以及完整、准确的账簿记录等资料，按《小企业会计准则》规定的编制基础、编制依据、编制原则和编制方法编制。为此，企业在编制财务报表前，应当做好以下几项工作：

（1）核对各会计账簿记录与原始凭证、记账凭证的时间、凭证字号、内容、金额是否一致，记账方向是否相符，保证账证相符。

（2）按会计准则规定的结账日进行结账，结出有关会计账簿的余额和发生额，并核对各会计账簿之间的余额，保证账账相符。

年度结账日指公历年度每年的12月31日。半年度、季度、月度结账日分别为公历年度每半年、每季、每月的最后1天。任何企业和个人不得违反规定提前或者延迟结账。

（3）检查是否按照《小企业会计准则》规定进行相关的会计核算，如未按规定进行会计核算的，应当予以调整。

（4）检查对于没有规定统一核算方法的，企业自行进行相关账务处理是否合理。

（5）企业在编制年度财务报表前，应当全面清查下列各项财产物资：①房屋建筑物、机器设备、运输工具等各项固定资产的实存数量与账面数量是否一致；②原材料、在产品、自制半成品、库存商品等各项存货的实存数量与账面数量是否一致，是否有报废损失和积压物资等；③结算款项，包括应收、应付款项、应交税费等是否存在，与债务、债权单位的各项债务、债权金额是否一致；④各项投资是否存在，投资收益是否按规定进行确认和计量；⑤在建工程的实际发生额与账面记录是否一致；⑥其他需要清查、核实的内容。

通过上述清查，核实各项财产物资，查明财产物资的实存数量与账面数量是否一致，固定资产的使用情况及其完好程度，材料物资的实际储备情况，各项结算款项的拖欠情况及其原因等，向企业的董事会或类似机构报告清查结果及其处理办法，并根据《小企业会计准则》的规定进行相关的会计处理，保证账实相符。

四、财务报表的编制要求

小企业的财务报表是企业会计核算的最终成果，是企业对外提供财务会计信息的主要形式。企业的日常会计核算工作就是为了期末编制财务报表积累资料和做好前期的准备工作。企业的外部利益关系人（投资者、债权人、政府管理部门等）了解企业的财务状况、经营成果和现金流量等方面信息的主要渠道就是企业编制和对外提供的财务报表。小企业应当按照

《小企业会计准则》的规定编制和对外提供真实、完整的财务报表，财务报表应符合以下几点要求。

（1）定期编制。财务报表可以分月度、季度、半年度、年度等编制。对外报送的财务报表的格式、编制要求、报送期限应当符合国家有关规定；企业内部使用的财务报表，其格式和要求由各企业自行规定。

（2）真实完整。财务报表应当根据登记完整、核对无误的会计账簿记录和其他有关资料编制，做到数字真实、计算准确、内容完整、说明清楚。任何人不得篡改或者授意、指使、强令他人篡改财务报表数字。

（3）核对一致。财务报表之间、财务报表各项目之间，凡有对应关系的数字，应当就其勾稽关系相互核对一致。本期财务报表与上期财务报表之间有关的数字应当相互衔接。如果在不同会计年度的财务报表中各项目的内容和核算方法有变更的，应当在年度会计报表中加以说明。

（4）格式规范。对外报送的财务报表，应当依次编定页码，加具封面，装订成册，加盖公章。封面上应当注明：企业名称、企业地址、财务报表所属年度、季度、月度、送出日期，并由企业主要领导人、会计机构负责人、会计主管人员签名或者盖章。企业负责人应当保证财务报表真实、完整，并对本企业的会计工作和会计资料的真实性、完整性负责。

（5）经过审计。凡根据法律和国家的有关规定应当进行审计的财务报表，财务报表编制企业应先行委托注册会计师进行审计，并将注册会计师出具的审计报告随同财务报表按照规定期限报送有关部门。

由注册会计师对财务报表进行审计，这是保证财务报表质量的重要措施，也是便于财务报表使用者有效利用财务报表的重要手段。财务报表的使用者由于受专业水平、信息取得成本等因素的限制，无从了解财务报表的内容是否真实、完整，而注册会计师有其优势，通过对财务报表的全面审计，客观、公正地评价财务报表的内容是否真实、完整，以向投资者、债权人等财务报表使用者提供鉴证服务，并承担相应的法律责任。经过注册会计师审计的财务报表，可以增强使用者对财务报表的信任度。

（6）正确无误。如果发现对外报送的财务报表有错误，应当及时办理更正手续。除更正本企业留有的财务报表外，并应同时通知接受财务报表的单位更正。错误较多的，应当重新编报。

第二节 资产负债表

一、资产负债表的概念与结构

资产负债表是反映企业在某一特定日期财务状况的报表。由于资产负债表反映的是一个时点的情况，如一年中最后一天的情况，所以它属于静态报表。具体来说，它反映的是一个企业资产、负债、所有者权益的总体规模，以及资产、负债和所有者权益的结构，即资产有多少，负债有多少，所有者权益有多少；资产中，货币资金有多少，应收账款有多少，存货有多少等。

资产负债表反映了某一时期报告截止日小企业的财务状况，都是时点数，就像给公司拍摄的一张静态的"照片"，能够总括地反映出小企业在某一特定日期的财产分布景象。分析者从这张"照片"中，可以清楚看到公司拥有的各种资产、负债以及公司所有者能够拥有的权益等。

一张资产负债表，包括表头和表身两部分。其中，表头包括报表名称、日期、报表编号、货币单位等几大元素。表身一般分为左右两方，左方列示资产项目；右方列示负债和所有者权益项目。《小企业会计准则》规定，资产负债表除了提供期末数外,还应当包括年初数,以便于进行期初期末的对比。提供两个以上时点或期间数据的报表,称为比较财务报表,其目的是通过不同时点或时期数字的对比,掌握企业某一方面的发展趋势。

资产负债表的结构通常采用账户式结构的形式,左方反映各类资产的数额及其总计;右方反映各类负债、所有者权益的数额及其总计。

二、资产负债表的编制方法

资产负债表的编制主要是通过对日常会计核算中各科目记录的数据加以归集、整理,使之成为有用的财务信息。资产负债表的编制方法主要有以下几种。

1. 根据总账科目余额直接填列

资产负债表的大部分项目的数据来源,主要是根据总账科目期末余额直接填列,如"实收资本"项目,根据"实收资本"总账科目的期末余额直接填列;"短期借款"项目,根据"短期借款"总账科目的期末余额直接填列等等。

2. 根据总账科目余额计算填列

资产负债表某些项目需要根据若干个总账科目的期末余额计算填列,如"货币资金"项目,根据"库存现金""银行存款"科目的期末余额的合计数填列;"存货"项目,根据"原材料""库存商品""低值易耗品""包装物"等科目的期末余额的加减计算后填列。

3. 根据明细科目余额计算填列

资产负债表某些项目不能根据总账科目的期末余额,或若干个总账科目的期末余额计算填列,需要根据有关科目所属的相关明细科目的期末余额计算填列,如"应收账款"项目,根据"应收账款""预收账款"等科目的所属相关明细科目的期末借方余额计算填列;"应付账款"项目,根据"应付账款""预付账款"等科目所属的相关明细科目的期末贷方余额计算填列。

资产负债表内各项目的数据应分别填列在"年初数"和"期末数"栏。"年初数"栏内的各项数字，应根据上年年末资产负债表"期末数"栏内所列数字填列。如果本年度资产负债表规定的各个项目的名称和内容同上年度不相一致，应对上年年末资产负债表各项目的名称和数字按照本年度的规定进行调整，填入本表"年初数"栏内。"期末数"主要根据总分类账户和有关明细分类账户填列，其中大部分项目可以根据有关账户的期末余额直接填列，一部分项目则需要根据有关账户的期末余额加以归类或分析填列。

第三节 利润表

一、利润表的概念与结构

利润表是总括反映企业在一定期间（如月、季、年度）的经营成果及其分配情况的报表。利润表是从动态角度来说明企业报告期内的经营成果，反映出资金的净流入，因而又称为流量表。利用利润表可以考核企业利润预算（计划）的实现情况、分析利润增减变化的原因、评价企业的经营成果。

利润表分项展示了企业在一定期间里因销售商品、提供劳务、对外投资等所取得的各种收入，以及与各种收入相对应的费用、损失，并将收入与费用、损失加以对比，结出当期的净利润，这在会计上称为配比，目的是为了衡量企业在特定时期或特定业务中所取得的成果，以及为取得这些成果所付出的代价，为考核经营效益和效果提供数据。

小企业利润表的编制从企业的主营业务收入开始，采用多步式结构，依次划分营业利润、利润总额和净利润三个层次。

利润表分类反映了小企业报告期内的收支和盈利情况，所列报的数据都是按照权责发生制编制的，均为会计期间发生的累计数据，但不一定有现金流量。

二、利润表的编制方法

利润表的"本月数"反映各项目的本月实际发生额，应根据损益类总分类账户净发生额填列。在编报年度报表时，填列上年全年累计实际发生额，并将"本月数"栏改成"上年数"栏。如果上年度利润表与本年度利润表的项目名称和内容不相一致时，应对上年度报表项目的名称和数字按本年度的规定进行调整，填入本表"上年数"栏内。

利润表的"本年累计数"栏反映各项目自年初起至本月月末止的累计实际发生额，应根据各损益类总分类账户的累计净发生额填列，或者根据上月本表的"本年累计数"加上本月本表的"本月数"填列。

利润表的"本年累计金额"栏反映各项目自年初起至报告期末止的累计实际发生额，应根据各损益类总分类账户的累计净发生额填列，或者根据上月本表的"本年累计金额"加上本月本表的"本月金额"填列。

利润表各项目的内容及其填列方法简单介绍如下。

（1）"营业收入"项目，反映小企业销售商品和提供劳务所实现的收入总额。本项目应根据"主营业务收入"科目和"其他业务收入"科目的发生额合计填列。

（2）"营业成本"项目，反映小企业所销售商品的成本和所提供劳务的成本。本项目应根据"主营业务成本"科目和"其他业务成本"科目的发生额合计填列。

（3）"营业税金及附加"项目，反映小企业开展日常生产活动应负担的消费税、城市维护建设税、资源税、土地增值税、城镇土地使用税、房产税、车船税、印花税和教育费附加、矿产资源补偿费、排污费等。本项目应根据"营业税金及附加"科目的发生额填列。

（4）"销售费用"项目，反映小企业销售商品或提供劳务过程中发生的费用。本项目应根据"销售费用"科目的发生额填列。

（5）"管理费用"项目，反映小企业为组织和管理生产经营发生的其他费用。本项目应根据"管理费用"科目的发生额填列。

（6）"财务费用"项目，反映小企业为筹集生产经营所需资金发生的筹资费用。本项目应根据"财务费用"科目的发生额填列。

（7）"投资收益"项目，反映小企业股权投资取得的现金股利（或利润）、债券投资取得的利息收入和处置股权投资和债券投资取得的处置价款扣除成本或账面余额、相关税费后的净额。本项目应根据"投资收益"科目的发生额填列；如为投资损失，以"-"号填列。

（8）"营业利润"项目，反映小企业当期开展日常生产经营活动实现的利润。本项目应根据营业收入扣除营业成本、营业税金及附加、销售费用、管理费用和财务费用，加上投资收益后的金额填列。如为亏损，以"-"号填列。

（9）"营业外收入"项目，反映小企业实现的各项营业外收入金额。包括：非流动资产处置净收益、政府补助、捐赠收益、盘盈收益、汇兑收益、出租包装物和商品的租金收入、逾期未退包装物押金收益、确实无法偿付的应付款项、已作坏账损失处理后又收回的应收款项、违约金收益等。本项目应根据"营业外收入"科目的发生额填列。

（10）"营业外支出"项目，反映小企业发生的各项营业外支出金额。

包括：存货的盘亏、毁损、报废损失、非流动资产处置净损失、坏账损失、无法收回的长期债券投资损失、无法收回的长期股权投资损失、自然灾害等不可抗力因素造成的损失、税收滞纳金、罚金、罚款、被没收财物的损失、捐赠支出、赞助支出等。本项目应根据"营业外支出"科目的发生额填列。

（11）"利润总额"项目，反映小企业当期实现的利润总额。本项目应根据营业利润加上营业外收入减去营业外支出后的金额填列。如为亏损总额，以"–"号填列。

（12）"所得税费用"项目，反映小企业根据企业所得税法确定的应从当期利润总额中扣除的所得税费用。本项目应根据"所得税费用"科目的发生额填列。

（13）"净利润"项目，反映小企业当期实现的净利润。本项目应根据利润总额扣除所得税费用后的金额填列；如为净亏损，则以"–"号填列。

第四节　现金流量表

一、现金流量表的概念与作用

现金流量表是反映小企业一定会计期间内有关现金流入和流出信息的会计报表。小企业现金流量表所称现金的内涵是指货币资金，这与小企业资产负债表上的货币资金概念相等，对账简洁明了；其外延是指小企业的库存现金以及可以随时用于支付的存款和其他货币资金，不包括现金等价物。《小企业会计准则》没有出现现金等价物的概念。

小企业的现金流量表按照收支两条线采用三段式结构编报，分别对经营活动、投资活动和筹资活动按照现金流入和现金流出分项目列报。其中：

投资活动，是指小企业固定资产、无形资产的购建和短期投资、长期债券投资、长期股权投资及其处置活动；

筹资活动，是指导致小企业资本及债务规模和构成发生变化的活动；

经营活动，是指小企业投资活动和筹资活动以外的所有交易和事项。

现金流量表是按照收付实现制编制的，提供了小企业在报告期内关于现金收入与现金支出的所有信息。在其他报表中，分析者只能掌握小企业现金的静态情况，而现金流量表是从各种活动引起的现金流量的变化及各种活动引起的现金流量占现金流量总额的比重等方面去分析的，它反映了现金流动的动态情况。因此，在阅读现金流量表时，与其他财务报表结合起来分析，就会更加全面地了解这一企业。

编制现金流量表的目的，就是要为财务报表使用者，提供企业在一定会计期间内现金和现金等价物流入和流出的信息，以便报表使用者了解和评价企业获取现金和现金等价物的能力，并据以预测企业未来的现金流量。

二、现金流量表的编制方法

由于现金流量表反映的是企业在特定期间（如一个会计年度）内有关的经营活动、投资活动、筹资活动中的现金流入与现金流出，即应当提供小企业有关现金流量方面的全部信息。现金流量表"本年数"栏反映各项目自年初起至报告期末止的累计实际发生数或本年实际发生数。在编制年度财务报表时，还应在"上年数"填列上年全年累计实际发生数。如果上年度现金流量表与本年度现金流量表的项目名称和内容不一致，应对上年度现金流量表项目的名称和数字按本年度的规定进行调整，填入本表"上年数"栏。

小企业现金流量表应当按照经营活动产生的现金流量、投资活动产生的现金流量和筹资活动产生的现金流量分别反映，并采用直接法报告。

现金流量表各项目可以根据有关科目记录分析填列，其内容及填列方法简要介绍如下。

（一）经营活动产生的现金流量

经营活动产生的现金流量根据有关科目记录分析填列，内容和方法如下。

（1）"销售产成品、商品、提供劳务收到的现金"项目，反映小企业本期销售产成品、商品、提供劳务收到的现金。本项目可以根据"库存现金""银行存款"和"主营业务收入"等科目的本期发生额分析填列。

（2）"收到其他与经营活动有关的现金"项目，反映小企业本期收到的其他与经营活动有关的现金。本项目可以根据"库存现金"和"银行存款"等科目的本期发生额分析填列。

（3）"购买原材料、商品、接受劳务支付的现金"项目，反映小企业本期购买原材料、商品、接受劳务支付的现金。本项目可以根据"库存现金""银行存款""其他货币资金""原材料""库存商品"等科目的本期发生额分析填列。

（4）"支付的职工薪酬"项目，反映小企业本期向职工支付的各种薪酬。本项目可以根据"库存现金""银行存款""应付职工薪酬"科目的本期发生额填列。

（5）"支付的税费"项目，反映小企业本期支付的税费，包括本期发生并已支付的、本期支付以前各期的、本期预交的各种税费，还应当包括税收滞纳金和代扣代交的个人所得税等，但不包括本期退回的增值税和所得税等税费。收到的各种税费返还应当在"收到其他与经营活动有关的现金"项目中反映。本项目可以根据"库存现金""银行存款""应交税费"等科目的本期发生额填列。

（6）"支付其他与经营活动有关的现金"项目，反映小企业本期支付的其他与经营活动有关的现金。本项目可以根据"库存现金""银行存款"等科目的本期发生额分析填列。

（二）投资活动产生的现金流量

因投资活动产生的现金流量根据有关科目记录分析填列，内容和方法如下。

（1）"收回短期投资、长期债券投资和长期股权投资收到的现金"项目，反映小企业出售、转让或到期收回短期投资、长期股权投资而收到的现金，以及收回长期债券投资本金而收到的现金，不包括长期债券投资收回的利息。本项目可以根据"库存现金""银行存款""短期投资""长期股权投资""长期债券投资"等科目的本期发生额分析填列。

（2）"取得投资收益收到的现金"项目，反映小企业因权益性投资和债权性投资取得的现金股利或利润和利息收入。本项目可以根据"库存现金""银行存款""投资收益"等科目的本期发生额分析填列。

（3）"处置固定资产、无形资产和其他非流动资产收回的现金净额"项目，反映小企业处置固定资产、无形资产和其他非流动资产取得的现金，减去为处置这些资产而支付的有关税费等后的净额。本项目可以根据"库存现金""银行存款""固定资产清理""无形资产""生产性生物资产"等科目的本期发生额分析填列。

（4）"短期投资、长期债券投资和长期股权投资支付的现金"项目，反映小企业进行权益性投资和债权性投资支付的现金。包括：小企业取得短期股票投资、短期债券投资、短期基金投资、长期债券投资、长期股权投资支付的现金。本项目可以根据"库存现金""银行存款""短期投资""长期债券投资""长期股权投资"等科目的本期发生额分析填列。

（5）"购建固定资产、无形资产和其他非流动资产支付的现金"项目，反映小企业购建固定资产、无形资产和其他非流动资产支付的现金。包括：购买机器设备、无形资产、生产性生物资产支付的现金、建造工程支付的现金等现金支出，不包括为购建固定资产、无形资产和其他非流动资产而发生的借款费用资本化部分和支付给在建工程和无形资产开发项目人员的薪酬。为购建固定资产、无形资产和其他非流动资产而发生借款费用资本化部分，在"偿还借款利息支付的现金"项目反映；支付给在建工程和无形资产开发项目人员的薪酬，在"支付的职工薪酬"项目反映。本项目可以根据"库存现金""银行存款""固定资产""在建工程""无形资产""研发支出""生产性生物资产""应付职工薪酬"等科目的本期发生额分析填列。

（三）筹资活动产生的现金流量

因筹资活动产生的现金流量根据有关科目记录分析填列，内容和方法如下。

（1）"取得借款收到的现金"项目，反映小企业举借各种短期、长期借款收到的现金。本项目可以根据"库存现金""银行存款""短期借款""长期借款"等科目的本期发生额分析填列。

（2）"吸收投资者投资收到的现金"项目，反映小企业收到的投资者作为资本投入的现金。本项目可以根据"库存现金""银行存款""实收资本""资本公积"等科目的本期发生额分析填列。

（3）"偿还借款本金支付的现金"项目，反映小企业以现金偿还各种短期、长期借款的本金。本项目可以根据"库存现金""银行存款""短期借款""长期借款"等科目的本期发生额分析填列。

（4）"偿还借款利息支付的现金"项目，反映小企业以现金偿还各种短期、长期借款的利息。本项目可以根据"库存现金""银行存款""应付利息"等科目的本期发生额分析填列。

（5）"分配利润支付的现金"项目，反映小企业向投资者实际支付的利润。本项目可以根据"库存现金""银行存款""应付利润"等科目的本期发生额分析填列。

第五节 财务报表附注

一、财务报表附注的作用

财务报表附注是为了帮助报表使用者理解会计报表的内容而对报表的有关项目所作的解释。企业编制财务报表附注，有助于投资者、债权人以及政府有关部门等更充分地了解企业的财务状况、经营成果和现金流量状况，并有利于报表使用者做出正确的决策。

由于会计报表本身所能反映的财务信息是有限制的，而会计报表附注是会计报表必要的补充说明。许多与财务报表陷阱有直接关联的重要内容，如会计报表各项目的增减变动、或有事项、资产负债表日后事项、会计政策和会计估计及其变动、关联方关系及其交易、重要项目的详细资料（如存货的构成、应收账款的账龄、长期投资的对象、借款的期限与利率等），都在会计报表附注中予以详细披露，这些都是投资者进行分析和判断时不可忽视的重要内容。决定财务分析的结论是否有助于投资者决策的一个很重要因素在于分析是否完整，而财务分析的完整性往往取决于对完整财务报表的关注程度。需要注意的是，忽视会计报表附注有可能导致分析者对会计风险的认知不足。

财务报表附注编制主要采用文字叙述与表格列示方法。文字叙述可以起到表义明确、条理清晰的作用；列表显示能使财务报表附注直观生动、说明具体。财务报表附注的主要作用如下所述。

（一）增进会计信息的可理解性

财务报表的附注部分是对有关报表项目和数据做出的解释和说明，通过将抽象的数据具体化，弥补了财务报表格式的固定性和以数字反映为主的局限性，有助于报表使用者了解哪些是重要的信息，通过正确理解财务报表，从而合理利用会计信息。

（二）促使会计信息充分披露

财务报表的附注侧重于文字说明，辅以数字注释，两者相结合，有利于充分披露所提供的信息以及披露财务报表以外但对报表使用者的决策有关的重要信息，从而便于广大投资者全面掌握财务状况、经营成果和现金流量情况，为正确投资提供决策依据。

（三）提高会计信息的可比性

财务报表是根据会计准则编制而成的，但会计准则在某些方面提供了多种会计处理方法，企业可以根据具体情况进行选择。这就造成了不同行业或同一行业的不同企业所提供的会计信息之间的差异。此外，在某些情况下，企业所采用的会计政策也允许有所变动，这就容易造成企业因所选用的会计政策发生变动而导致不同会计期间的会计信息失去可比性。通过编制财务报表附注，有利于了解会计信息的上述差异及其影响的大小，从而提高会计信息的可比性。

二、财务报表附注的主要内容

财务报表附注一般要求包括以下内容。

（1）企业的基本情况。包括企业注册地、组织形式与地址，企业的业务性质和主要经营活动等。

（2）财务报表的编制基础。企业按照权责发生制或是收付实现制作为核算基础。

（3）遵循企业会计准则的声明。企业是否执行《小企业会计准则》，编制的财务报表是否符合《小企业会计准则》及有关财务会计制度的要求，是否真实、完整地反映了企业的财务状况、经营成果和现金流量等有关信息。

（4）重要会计政策。不重要的会计政策可以不披露。

（5）报表重要项目的说明。对报表重要项目（如金额较大，或占用比例较高，或增减变动幅度较多）的说明，应当按照资产负债表、利润表（或现金流量表）及其项目列示的顺序，采用文字和数字描述相结合的方式进行披露。

（6）纳税调整过程的说明。小企业应当说明资产负债表或利润表项目，与税法规定存在的差异情况以及调整过程（可参见《企业所得税纳税申报表》的相关表格及其说明）。

（7）其他需要说明的事项，如或有事项、资产负债表日后事项、关联方关系及其交易等。

【例9-1】晓晖公司按照《小企业会计准则》的规定披露附注信息，其主要内容摘要如下。

1）遵循小企业会计准则的声明。本公司按照《小企业会计准则》的要求编制财务报表，真实、完整地反映了本公司的财务状况、经营成果和现金流量等有关信息。

晓晖公司制定的主要会计政策和相应的核算方法如下所述。

（1）短期投资采用历史成本计量，交易费用计入投资成本。出售短期投资，出售价款扣除其账面余额、相关税费后的净额，应当计入投资收益。

（2）原材料和周转材料（低值易耗品）采用计划成本核算，会计期末分配材料成本差异。

（3）周转材料（低值易耗品）采用一次摊销法进行会计处理。

（4）产品按实际成本计价，采用品种法核算产品成本。采用加权平均法确定发出产品的实际成本。

（5）长期股权投资采用成本进行初始计量，按照成本法进行核算。处置长期股权投资时，处置价款扣除其成本、相关税费后的净额，计入投资收益。

（6）固定资产折旧采用年限平均法，按月计提折旧。当月增加的固定资产，当月不计提折旧，从次月起计提折旧；当月减少的固定资产，当月仍计提折旧，从次月起不计提折旧。固定资产计算折旧的年限规定如下：房屋、建筑物，为20年；飞机、火车、轮船、机器、机械和其他生产设备，为10年；与生产经营活动有关的器具、工具、家具等，为5年；飞机、火车、轮船以外的运输工具，为4年；电子设备，为3年。

（7）无形资产按照成本进行计量，在其使用寿命内采用年限平均法进行摊销，根据其受益对象计入当期损益。

（8）不计提资产减值准备，资产损失于实际发生时计入营业外支出，并报税务部门审批。

（9）按照发出商品且收到货款或取得收款权利时，确认销售商品收入；按照从购买方已收或应收的合同或协议价款，确定销售商品收入金额。

（10）利润分配根据董事会决议进行核算。公司取得净利润后，应当按照净利润的10%提取法定盈余公积，按照净利润的10%提取任意盈余公积。

2）重要资产信息质量的披露。

（1）短期投资：年末无余额。

（2）应收账款：如表9-2所示。

表9-2 应收账款信息

账龄结转	期末账面余额（元）	年初账面余额（元）
1年以内（含1年）	300 000.00	300 000.00
1年至2年（含2年）	280 000.00	
2年至3年（含3年）		
3年以上		
合 计	580 000.00	300 000.00

（3）存货：如表9-3所示。

表9-3 存货信息

单位：元

存货种类	期末账面余额	期末市价	期末账面余额与市价的差额
原材料	1 362 800.00	1 362 800.00	0.00
在产品			
库存商品	1 174 100.00	1 174 100.00	0.00
周转材料	37 800.00	40 000.00	2 200.00
消耗性生物资产			
……			
合 计	2 574 700.00	2 576 900.00	2 200.00

（4）固定资产：如表9-4所示。

表9-4 固定资产信息

单位：元

项 目	固定资产原值	累计折旧	期末账面价值
房屋、建筑物	1 400 000.00	10 000.00	1 390 000.00
机器	400 000.00	80 000.00	320 000.00
机械			

[续表]

项目	固定资产原值	累计折旧	期末账面价值
运输工具	300 000.00	40 000.00	260 000.00
设备	501 000.00	40 000.00	461 000.00
器具			
工具			
合 计	2 601 000.00	170 000.00	2 431 000.00

3. 重要财务事项的信息披露。（1）应付职工薪酬：年末无余额。（2）应交税费：如表9-5所示。

表 9-5 应交税费信息

单位：元

项 目	期末账面余额	年初账面余额
增值税		-53 034.00
消费税		
营业税		
城市维护建设税		
企业所得税	3 132.00	
资源税		
土地增值税		
城镇土地使用税		
房产税		
车船税		
教育费附加		
矿产资源补偿费		
排污费		
代扣代缴的个人所得税		
合 计	3 132.00	-53 034.00

（3）利润分配的说明：如表9-6所示。

表9-6 利润分配信息表

单位：元

项 目	行次	本年金额	上年金额
一、净利润	1	251 768.00	20 265.00
加：年初未分配利润	2	16 212.00	
其他转入	3		
二、可供分配的利润	4	267 980.00	20 265.00
减：提取法定盈余公积	5	25 176.80	2 026.50
提取任意盈余公积	6	25 176.80	2 026.50
提取职工奖励及福利基金	7		
提取储备基金	8		
提取企业发展基金	9		
利润归还投资	10		
三、可供投资者分配的利润	11	217 626.40	16 212.00
减：应付利润	12		
四、未分配利润	13	217 626.40	16 212.00

（4）或有事项的信息披露：无。

（5）发生严重亏损的，应当披露持续经营的计划、未来经营的方案：无。

（6）对已在资产负债表和利润表中列示项目与《企业所得税法》规定存在差异的纳税调整过程，本年度利润总额：309 900元。

应当调增应纳税所得额：①无发票的广告费10 000元。②未通过捐赠机构的捐赠款400元。③业务招待费超过标准360元（900×40%）。

应当调减的应纳税所得额：被投资公司税后分得的投资收益30 000元。

调整后的应纳税所得额为290 660元。

适用所得税税率为20%。

本年度应交所得税：58 132 元（290 660×20%）

（7）其他需要说明的事项：无。

三、财务情况说明书

财务情况说明书是对企业一定会计期间内生产经营、资金周转、利润实现及分配等情况的综合性分析报告，是年度财务会计报告的重要组成部分。企业应依据《企业财务会计报告条例》的规定，对本年度的经营成果、财务状况及决算工作等情况进行认真总结，以财务指标和相关统计指标为主要依据，运用趋势分析、比率分析和因素分析等方法进行横向、纵向的比较、评价和剖析，以反映企业在经营过程中的财务状况、发展趋势和存在的问题，促进企业的经营管理和业务发展；同时便于财务报表使用者了解有关单位生产经营和财务活动情况，考核评价其经营业绩。

财务情况说明书主要包括以下内容。

（1）企业生产经营的基本情况。例如，企业主营业务范围和附属其他业务，企业主要财务指标及变化情况（包括资产总额、负债总额、所有者权益，营业总收入、主营业务收入、营业总成本、应交税费、已交税费，利润总额、净利润），本年度企业生产经营情况（包括主要产品产量、出口额、进口额）等。

（2）利润实现、分配及企业亏损情况。如主营业务收入的同比增减额及其主要影响因素，包括销售量、销售价格、销售结构变动和库存情况；成本费用变动的主要因素，包括主要营业成本构成及变动情况；原材料费用、能源费用、工资性支出、借款利率调整对利润增减的影响，利润分配的具体情况等。

（3）资金增减和周转情况。例如，各项资产所占比重；应收账款、其他应收款、存货、长期投资等变化是否正常及增减原因；资产损失情况分析；流动负债与长期负债的比重；长期借款、短期借款、应付账款、其他应付款同比增减金额及原因；企业偿还债务的能力和财务风险状况；3年以上的应付账款和其他应付款金额、主要债权人及未付原因；逾期借款本金和未还利息情况等。

（4）现金流量情况。例如，经营活动、投资活动、筹资活动产生的现金流量情况及其特点，与上年度现金流量情况对比产生的变化，对本年度现金流产生重大影响的事项。

（5）企业外部经营环境分析。例如，对企业财务状况、经营成果和现金流量等有重大影响的其他事项；国家产业政策、财税政策、金融政策对企业经营的影响及效果；本企业、本行业当前经济运行中面临的突出矛盾和问题。

（6）企业在加强财务管理方面采取的主要措施及取得的成效。

（7）新年度拟采取的改进管理和提高经营业绩的具体措施及发展计划等。

（8）其他应当说明的事项。

四、财务报表分析的现实重要性

财务报表分析，又称财务分析，是通过收集、整理企业财务报告中的有关数据，并结合其他有关补充信息，对企业的财务状况、经营成果和现金流量情况进行综合比较和评价，为财务报告使用者提供管理决策和控制依据的一项管理工作。

日常财务分析主要就是以分析财务报表为主要特征的。

基于资产负债表等数据资料所进行的主要是财务状况的分析。通过分析资产负债表，能够揭示资产负债表相关项目的内涵，了解企业财务状况的变动情况及变动原因，反映偿还债务的能力和风险状况，以及公司经营管理总体水平的高低等。

　　基于利润表等数据资料所进行的主要是经营成果的分析。通过分析利润表，可直接了解公司的盈利状况和获利能力，并通过收入、成本、费用、利润的分析，具体地把握公司获利能力高低及其增减变动的原因等。

　　基于现金流量表等数据资料所进行的主要是现金流入、流出状况的分析。通过分析现金流量表，有助于对企业获取现金的能力、偿债能力、收益的质量、投资活动和筹资活动做出恰当的评价。

　　财务数据作为企业最重要、最庞大的数据信息来源，在企业财务活动日益复杂、企业规模日益庞大、竞争日益加剧的今天，其处理能力与效率等问题考验和制约着小企业的进一步发展。

　　财务分析的价值就在于对大量会计信息分析以后，善于发现问题、分析问题，并找到解决问题的途径与方法。也就是说，财务部门和财会人员的职责不应当仅限于提供财务报告，还应该通过读懂与分析财务报告，让数据活起来、动起来，从而显示出财务数据的价值所在。

　　目前，"大数据"一词越来越多地被提及，人们用它来描述和定义信息爆炸时代产生的海量数据，并命名与之相关的技术发展与创新。大数据是继云计算、互联网之后IT产业的又一次技术变革。云计算主要为数据资产提供了保管、访问的场所和渠道，而数据才是真正有价值的资产。企业内部的经营交易信息、互联网世界中的商品物流信息、互联网世界中的人与人交互信息等数据信息都是最重要的数据资产。如何盘活现存的各种数据，一方面，通过数据挖掘让分析员更好地理解数据；另一方面，让数据自己说话，使其为经营决策服务，这才是大数据的核心议题，也是云计算的升级方向，更是财务分析有效性的重要基石与理想途径。

　　对小企业来说，一方面，需要关注海量数据对经营环境的影响；另一方面，更要关注自身已有的数据资料，结合自身经营或产品的特点，通过优化业务流程和会计信息处理流程，整合数据资源，建立起财务和业务一体化的信息处理系统，实现财务、业务相关信息一次性处理和实时共享。这将有利于充分发挥财务分析的积极作用。

伴随着以云计算为标志的新的财务共享模式，有助于大数据时代下再造财务管理流程和提高财务处理效率。也就是说，信息共享作为一种先进的管理模式，在大数据时代下对财务分析乃至财务管理尤为必要，这也正是财务分析的价值所在。分析财务报表的重要性至少体现在以下几方面。

1. 评价过去的经营业绩

财务报表一般只能概括地反映企业过去的财务状况、经营成果和现金流量，如果不将报表上所列数据进一步加以剖析，势必不能充分理解这些数字的经济意义，不能充分掌握数据所传输的信息，这样就无法对企业过去财务状况的好坏、经营成果的大小、现金流量的多少、经营管理是否健全以及企业发展前景如何做出有事实根据的结论。因此，不论财务报表编得如何精细，也不管报表上的数据如何重要，要进行正确的决策，还需要对报表数据进一步加工，对其进行分析、比较、评价和解释。企业的经营管理者和其他报表使用者应当根据财务报表上的各项数据，有重点、有针对性地加以考虑和分析研究，了解企业过去的生产经营业绩，如利润的多少、投资报酬率的高低、销货量的大小、现金流量等，并采用专门的财务分析方法分析各项财务报表信息和指标，借以分析企业财务状况的好坏、经营成果的大小和经营管理上的得失，并与同行业相对比，以评价企业的成败得失。

2. 衡量目前的财务状况

过去的延伸是现在。通过对财务报表的分析，可以了解企业目前有多少资产，其分布与占用情况如何；企业的资金从何处取得，其融资结构如何；了解企业经营方针，尤其是投资管理的方针和企业内部资金流转的情况，借以判断企业在经营上有无进取心，财务上是否稳妥、可靠；了解企业一系列的重大财务问题，如购进新资产的资金来源是靠企业本身的营业盈余还是靠借债或发行股票等。熟知各项会计信息，可以为企业财务报表使用者提供了解企业目前财务状况的真相，用以衡量企业目前的财务状况。

3. 预测未来的发展趋势

现在的延续是将来。企业的发展都是由过去和现在延续而来的，并且应当追求可持续、稳定增长的科学发展观。任何未来的经营活动和增长速度都是在一定的客观经济条件下进行的，都要受到客观条件的制约，并受客观经济规律的支配。企业为了科学地组织生产经营，最有效地使用人力、物力和财力，实现最佳的经济效益。在规划未来的经济活动中，必须善于从客观的经济条件出发，按照客观经济规律办事，预测企业未来的发展趋势，并据以做出正确的决策。在这些方面，财务分析起着重要的作用。因为通过财务分析，可从经济活动这一复杂的现象中，把那些偶然的、非本质的东西摒弃，抽象出那些必然的、本质的东西，然后针对目前的情况，权衡未来发展的可能趋势，并做出相应的决策。对财务报表所提供的会计信息和其他经济信息，通过分析加工，提高质量，使之形成与预测企业未来发展趋势相关的高级信息，从而增加在进行经济决策时的科学性和预见性。

新旧动能转换战略是十九大以后我国实施的重要发展战略之一，山东省作为新旧动能战略转换的试点区域，将为山东省中小企业发展提供重要的发展机遇，为促进小企业财务会计理论与实践发展提供丰富的经验积累，促进山东省小企业发展壮大。

综上所述，小企业应当建立、健全财务分析与评价制度，在对财务状况、经营成果和现金流量进行专项分析的基础上，进行综合评价和考核。业绩考评应当以财务分析结果为依据，将定量分析与定性分析有效地结合起来，充分发挥出财务信息与报表分析的积极作用。

参考文献

[1] 朱小平. 会计理论与方法研究 [M]. 中国人民大学出版社, 2003.

[2] 葛家澍, 陈少华主编: 改进企业财务报告问题研究 [M]. 中国财政经济出版社, 2002.

[3] 汪祥耀等. 英国会计准则研究与比较 [M]. 立信会计出版社, 2002.

[4] 中华人民共和国财政部制定. 企业会计制度 [M]. 经济科学出版社, 2001.

[5] 葛家澍, 林志军. 现代西方会计理论 [M]. 厦门大学出版社, 2001.

[6] 汪祥耀等. 国际会计准则与财务报告准则 [M]. 立信会计出版社, 2005.

[7] 杨松令. 中小企业会计管理问题研究 [M]. 中国人民大学出版社, 2004.

[8] 本书编辑组编. 小企业会计制度 [M]. 中国国际广播出版社, 2004.

[9] 李清如. 中小企业财务报告问题研究 [D]. 山东大学, 2010.

[10] 袁清波. 我国小企业会计问题研究 [D]. 厦门大学, 2002.

[11] 陈德荣. 我国《小企业会计准则》和《中小主体国际财务报告准则》简介 [J]. 新会计, 2010(11).

[12] 崔金勋, 史安娜. 小企业会计准则的制定架构 [J]. 山东社会科学. 2010(03).

[13] 王晓玲. 对中小企业会计政策选择中纳税筹划的思考 [J]. 内蒙古科技与经济, 2010(03).

[14] 刘莉萍,王宏艳.会计准则制定模式比较及启示[J].商业时代,2009(14).

[15] 张力工.我国会计准则制定模式的研究[J].中国新技术新产品,2009(08).

[16] 李成,吕博.国外中小企业会计研究及启示[J].当代经济管理,2009(03).

[17] 孙光国.中小企业会计准则的制定:目标与模式选择[J].会计研究,2009(02).

[18] 安赟.对《国际财务报告准则——中小企业》的评述[J].法制与社会,2008(26).

[19] 张明.IASB制定中小企业会计准则的进展及启示[J].财会通讯(综合版),2008(08).

[20] 汪立.IASB中小企业会计准则简述[J].财会通讯(综合版),2008(06).

[21] European Crowd funding Network(ECN)On the Possibility of Crowd funding in Europe. 2014.

[22] Principles of Economics. Alfred Marshall. 1997.

[23] Small business growth and innovation in the United States. Black Phu Deman. 2000.

[24] Job Generation and Labor Market Change. StoreyD JohnsonS. 1987.

[25] The small Business Economy. 2009.

[26] Small Business inAustralia. 2002.

[27] "SMES" FINANCING—EFFECTS OF THE SMALLBUSINESS ACT IN EUROPE. Prof.Laura GIURCA VASILESCU,Prof.Ana POPA. 2009.

[28] Evaluation of Small Business Innovation Research Programs in Japan.

Hiroyasu Inoue,Eiichi Yamaguchi. 2014.

[29] Small&Medium Enterprises in the Indian Economy:Business Development Strategies. POOJA.Micro. 2009.

[30] Satu Atap or Satu Pintu?Small business startups,one-stop shops and regulatory reform in Indonesia. Wahyu Sutiyonoa,Michael Schaperb. 27th Annual SEAANZ Conference. 2014.